COLLECTION PRIER 15 JOURS

• Des **livres sources** pour
  – passer quinze jours en compagnie d'un maître spirituel à la manière de ces temps de retraite qui ouvrent une brèche dans notre univers quotidien.

• Des **livres pratiques**
  – un rappel biographique en début de volume
  – un itinéraire balisé en introduction
  – une entrée dans la prière répartie sur les quinze chapitres de l'ouvrage
  – pour aller plus loin, une bibliographie expliquée.

• Des **livres accessibles**
  – un ressourcement qui va à l'essentiel pour des chrétiens actifs
  – une information donnée de l'intérieur pour un public plus large.

# DANS LA MÊME COLLECTION

1. Philippe FERLAY, ***Le Christ-Prêtre***
2. Gabriel-Marie GARRONE, ***Le Concile Vatican II***
3. Claude MOREL, ***François de Sales***
4. Constant TONNELIER, ***Jean de la Croix***
5. Georges ROTHEVAL, ***Marie Noël***
6. André PINET, ***Jean Tauler***
7. Robert SCHIÉLÉ, ***Don Bosco***
8. Suzanne VRAI et André PINET, ***Thomas d'Aquin***
9. Pierre BLANC, ***Le Curé d'Ars***
10. André GOZIER, ***Maître Eckhart***
11. Jean ABIVEN, ***Thérèse d'Avila***
12. André DUPLEIX, ***Pierre Teilhard de Chardin***
13. Thaddée MATURA, ***François d'Assise***
14. André GOZIER, ***Saint Benoît***
15. Pierre-Yves ÉMERY, ***Saint Bernard***
16. Michel LAFON, ***Charles de Foucauld***
17. Jean-Marie SÉGALEN, ***Alphonse de Liguori***
18. Jaime GARCÍA, ***Saint Augustin***
19. Constant TONNELIER, ***Thérèse de Lisieux***
20. Chantal VAN DER PLANCKE et André KNOCKAERT, ***Catherine de Sienne***
21. Véronique PINARDON et Jean BULTEAU, ***Louis-Marie Grignion de Montfort***
22. Gérard DUFOUR, ***Marguerite-Marie***
23. André GOZIER, ***Thomas Merton***
24. Cardinal Paul POUPARD, ***Paul VI***
25. Marc DONZÉ, ***Maurice Zundel***
26. Joseph PYRONNET et Charles LEGLAND, ***Gandhi***
27. François VAYNE, ***Bernadette***
28. Matthieu ARNOLD, ***Luther***
29. Bernard PITAUD, ***Madeleine Delbrêl***
30. Christian DELORME, ***Martin-Luther King***
31. Michel LAFON et les PETITES SŒURS DE JÉSUS, ***Petite Sœur Magdeleine de Jésus***
32. Benoît LOBET, ***Georges Bernanos***
33. Henri-Marie MANTEAU-BONAMY, ***Marthe Robin***
34. Jacques GAUTHIER, ***Patrice de La Tour du Pin***
35. Benoît RIVIÈRE, ***Edmond et Marie Michelet***
36. Marie-Thérèse DE MALEISSYE, ***Marie de la Passion***
37. Didier DASTARAC, ***Jeanne d'Arc***
38. Alain QUILICI, ***Saint Dominique***
39. Jean ROCHE, ***Marcellin Champagnat***
40. Marie-Thérèse BOULINGUIER et Marie-Françoise TOULOUSE, ***Nicolas Barré***

41. Gilles BEAUDET, *Jean-Baptiste de La Salle*
42. Francine de LA GORCE, *Le père Joseph Wresinski*
43. François BÉCHEAU, *Ignace de Loyola*
44. Jean RÉMY, *Élisabeth de la Trinité*
45. Jean-Pierre RENOUARD, *Saint Vincent de Paul*
46. Michel DUPUIS, *Edith Stein*
47. Jean-François de LOUVENCOURT, *Le père Kolbe*
48. Jean-François SOUBRIER, *Sainte Jeanne de France*
49. Roger BICHELBERGER, *Guillaume-Joseph Chaminade*
50. Cardinal ETCHEGARAY, *Jean XXIII*
51. Jean-François PETIT, *Emmanuel Mounier*
52. Jean-Marie LÉVRIER-MUSSAT, *Mgr Rodhain*
53. Bernard DULLIER, *Eugène de Mazenod*
54. Une moniale de la Chartreuse Notre-Dame, *Saint Bruno*
55. Marie-France BECKER, *Claire d'Assise*
56. Jean-François de LOUVENCOURT, *François et Jacinthe de Fatima*
57. Jean-Dominique DUBOIS ofm, *Padre Pio*
58. Marie-Thérèse ABGRALL, *Madeleine Daniélou*
59. Guillaume DERVILLE, *Josémaria Escriva*
60. Madeleine BOURCEREAU et Marie-Thérèse TOULOUSE, *Le père Jacques Sevin*
61. Jean ALLEMAND, *Henri Caffarel*
62. André MAYOR, *Jules Chevalier*
63. Gabrielle NOËL o.s.u., *Marie Guyart de l'Incarnation*
64. Philippe BAUD, *Nicolas de Flue*
65. Maxime EGGER, *Silouane*
66. François BÉCHEAU s.j., *François Xavier*
67. Pio MURAT et Valentin STRAPPAZZON, *Antoine de Padoue*
69. Jean-Marie SÉGALEN, *Joseph Passerat*
70. Michel LAFON, *Jeanne Jugan*
71. Yves LEDURE, *Léon Dehon*
72. Marie-Jo HAZARD, *Dom Helder Camara*
73. Arsène AUBERT, *François Libermann*
74. Pierre MICHALON, *L'abbé Paul Couturier*
75. Jean-Paul PÉRIER-MUZET, *Emmanuel d'Alzon*
76. Bernard LUCCHESI, *Saint Jean de Dieu*
77. Philippe BRADEL, *Jean-Émile Anizan*
78. Mgr Francesco FOLLO, *Mère Teresa*
79. René COMBAL, *Benoîte Rencurel*
80. Christiane GAUD-DESCOULEURS, *Michel Quoist*
81. Alphonse GILBERT, *Daniel Brottier*
83. R. Ferdinand POSWICK, *Columba Marmion*
84. Didier RANCE, *Les Martyrs chrétiens du XXe siècle*
85. Pierre DERUAZ, *Charles Péguy*
86. François BECHEAU, *Pedro Arrupe*
87. Yves HABERT, *Paul Claudel*
88. Jean-Marie SÉGALEN, *Gérard Majella*

89. François MONFORT, *Pierre de Bérulle*
90. Hélène CAUMEIL et Chantal DE LA FORGE, *Thérèse Couderc*
91. Pierre FERRIÈRE et Isabelle MEEÛS-MICHIELS, *Etty Hillesum*
92. Louis VERCHÈRE, c.s.sp., *Le père Jacques Laval*
93. Jeannine SIAT, *L'Église de Rome*
94. Keith BEAUMONT, *Le cardinal Newman*
95. Lucienne SALLÉ, *Thérèse Cornille*
96. Jean-Marie SEGALEN, *Marie Céleste Crostarosa*
97. Roselyne DEGLAIRE et Joëlle GUICHARD, *Le père Marie-Eugène de l'Enfant Jésus*
98. Philippe PLET, *Saint Paul de la Croix*
99. Mgr Benoît RIVIÈRE, *Le père Joseph-Marie Perrin*
100. Mgr Francesco FOLLO, *Jean-Paul II*
101. Patrice CHOCHOLSKI, *Sœur Faustine*
102. Christian SALENSON, *Christian de Chergé*
103. Bernard COUGOUL, *Jacques Loew*
104. Marthe DACHET et Geneviève pascale DEFRENNE, *Jean-Martin Moyë*
105. Élisabeth CHARPY, *Louise de Marillac*
106. Matthieu ARNOLD, *Dietrich Bonhoeffer*
107. Bernard LUCCHESI, *Marie de Jésus Deluil-Martiny*
108. Christian DELORME, *Antoine Chevrier*
109. Philippe PLET, *Gemma Galgani*
110. Mgr Lucien DALOZ, *Sainte Jeanne-Antide Thouret*
111. Bernard PITAUD, *Monsieur Olier*
112. Henry QUINSON, *Christophe Lebreton*
113. Renée ROGUE, *Jeanne Delanoue*
114. Doris LAMONTAGNE, *François de Laval*
115. Ghislaine AUBÉ et Jean-Louis LEJAY, *Le Père Épagneul*

*Illustrations de couverture :*

p. 1, portrait de Pierre Teilhard de Chardin
(© Fondation Teilhard de Chardin)
p. 4, portrait de l'auteur


Domaine d'Arny
91680 Bruyères-le-Châtel
ISBN 978-2-85313-391-3
ISSN 1150-3521

Prier 15 jours avec

# PIERRE TEILHARD DE CHARDIN

par André Dupleix

**CINQUIÈME ÉDITION**
**11e mille**

Nouvelle Cité

# AVANT-PROPOS

## Un grand spirituel

Comment douter à présent — au fur et à mesure que se poursuivent les recherches sur le père Pierre Teilhard de Chardin — que nous sommes en présence d'un témoignage spirituel d'une exceptionnelle densité ? Ce disciple de saint Ignace, fidèle toute sa vie à la pratique de la retraite régulière selon la grande tradition des *Exercices* eut une vie intérieure très intense qui, seule, lui permit d'affronter les risques de sa recherche et les souffrances qu'il endura. Son existence est une étonnante alliance entre la méditation constante, l'expérience profonde du Dieu vivant et l'engagement le plus résolu et le plus avancé dans les structures et les mutations de son temps.

La prière a réellement structuré la vie de ce grand jésuite et nous ne pouvons que remercier cette collection d'intégrer un parcours spirituel à partir de Teilhard. Nous le suivrons pas à pas en constatant que cette prière, union à Dieu et résonance du monde, sera comme un saut permanent dans l'infini de la lumière et de l'Amour sans jamais être décrochée des différents aspects de son travail ou de ses préoccupations culturelles et intellectuelles.

Prier avec Teilhard c'est, de mutiples façons, se

situer au croisement de la Révélation et des croissances du monde, de l'unique Parole de Dieu et des appels ou des cris des hommes. C'est rencontrer un homme de chair et de sang, d'intelligence et de cœur, un savant et un mystique, un actif et un contemplatif, un souffrant et un confiant. Jamais, alors qu'il fut à de nombreuses reprises touché par l'épreuve — familiale ou institutionnelle — il ne cessa d'être un témoin de l'Espérance et de l'Avenir. Il y a là, pour notre temps, une leçon que nous méditerons avec profit.

## L'unité d'une recherche

Notre projet qui est de suivre, par quelques textes essentiels, le priant que fut Teilhard, est favorisé par la profonde unité spirituelle de sa pensée et de sa vie.

Cinq grands ensembles seront étroitement articulés, comportant chacun trois pôles. **RÉVÉLATION** ou Dieu présent au monde, le rôle du Christ et la signification de la Croix. **MYSTIQUE** ou les trois dimensions essentielles, l'Union, l'Amour et le rapport progrès/détachement. **AGIR**, ou l'importance de l'œuvre, de la recherche et de la matière. **PRÉSENCE**, ou la mission du prêtre, le sens décisif de l'Eucharistie et sa signification cosmique. **ESPÉRANCE**, ou la nature de l'Église, l'espérance et l'avenir du christianisme.

J'ai fait nécessairement, dans une œuvre immense, le choix de textes ou de prières permettant un véritable parcours spirituel. Souhaitant laisser parler au maximum Teilhard, je n'ai pas hésité à privilégier ses paroles par rapport à mes propres commentaires. Cela me semblait nécessaire, pour permettre, au-delà des difficultés souvent éprouvées par les lecteurs face à une pensée aussi complexe, une meilleure connaissance de l'homme et un accès aux véritables sources de sa spiritualité. Nous suivrons ainsi d'autant mieux les traces mêmes de celui qui, avant d'être un penseur, fut un croyant et un « voyant ».

## SIGLES UTILISÉS

(Voir le détail en bibliographie p. 121)

Afin de ne pas alourdir le texte, seuls les textes importants auront leur référence.

| | |
|---|---|
| **I, II, III, IV, etc.** | Les 13 tomes Éditions du Seuil. |
| **C1, C2, C3** | *Cahiers* (Seuil). |
| **EP** | *Être Plus* (Seuil). |
| **HU** | *L'Hymne de l'Univers* (Seuil). |
| **GDP** | *Genèse d'une Pensée* (Grasset). |
| **LDV** | *Lettres de Voyages* (Grasset). |
| **NLV** | *Nouvelles Lettres de Voyages* (Grasset). |
| **LLZ** | *Lettres à Léontine Zanta* (DDB). |
| **GDP** | *Genèse d'une Pensée* (Grasset). |
| **HDL** | H.de Lubac, *La Pensée religieuse du P. Teilhard de Chardin*. |
| **BDS** | B. de Solages, *Teilhard de Chardin*. |
| **ER** | E.Rideau, *La pensée du P. Teilhard de Chardin*. |
| **CUE** | *Le Christ Universel et l'Évolution*, I. Bergeron et A.M. Ernst. |

# INTRODUCTION

## Une vie de résistance et de foi

Pierre Marie Joseph Teilhard de Chardin est né le **1er mai 1881** au château de Sarcenat, près d'Orcines, non loin de Clermont-Ferrand. Il est le quatrième enfant d'une famille de la petite noblesse campagnarde.

Son éducation est à la fois stricte et d'une grande souplesse. Dès cette époque l'enfant semble préoccupé, comme il le rappellera plus tard, par le souci intérieur de posséder quelque chose de suffisant et d'essentiel qui ne s'altère point. Son premier goût pour les pierres date de ce moment, après sa déception en constatant que même le fer était altéré par la rouille...

Il découvre la chaîne des volcans du Puy-de-Dôme qu'il rêve d'explorer. Il écrira de cette époque :

« *Il me semble que chez moi, tout effort, même portant sur un objet naturel a été un effort religieux et substantiellement unique. J'ai conscience d'avoir visé en tout à atteindre l'absolu. Pour un autre but je n'aurais pas eu, je crois, le courage d'agir.* »

Il part à 11 ans pour le collège jésuite de Mongré, à Villefranche-sur-Saône où il est en seconde l'élève d'Henri Brémond. Après sa Philosophie en

**1897**, il se sent appelé à la vie religieuse chez les jésuites : « *En moi, conscience religieuse et goût de la science croissent simultanément...* »

Il entre au noviciat d'Aix-en-Provence le **20 mars 1899** pour une formation qui durera 13 ans.

En **1901**, Pierre Teilhard prononce ses premiers vœux. A Laval, il fait son juvénat. A Jersey où il poursuit sa formation, il craint de ne pouvoir concrétiser son goût pour la recherche scientifique, mais le robuste bon sens de son maître et guide spirituel l'aide à passer le cap.

De Jersey, il soutient moralement sa famille dans la traversée d'épreuves difficiles. Sa sœur Louise meurt d'une méningite à douze ans. Là commencent ses longues méditations sur la nature. Il écrira plus tard sur cette période :

« *Au centre de mes préoccupations, le contact maintenu et observé avec le cosmique à l'état solide. Mais tout autour déjà, l'attrait naissant de la nature animale et végétale. L'initiation aux grandeurs mises à jour par les recherches de la Physique.* »

En **septembre 1905**, Teilhard est nommé au Caire professeur de Physique et de Chimie. Il enseigne et consacre à la recherche ses heures de liberté.

Avec son ami, le Père Pelletier, il multiplie les excursions scientifiques et commence à publier ses observations géologiques.

Il subit alors une nouvelle épreuve personnelle. Sa sœur Françoise, religieuse en Chine, à Shangaï, meurt de la variole à trente-deux ans. Teilhard est à la veille de son ordination. Il devient prêtre le **24 août 1911**.

Entre **1912 et 1914**, Pierre Teilhard poursuit ses

études scientifiques à Paris en lien avec le Muséum d'Histoire Naturelle. Il travaille au laboratoire du célèbre paléontologue Marcelin Boule qui lui confie une étude sur les phosphorites du Quercy. Teilhard commence à publier régulièrement des études où apparaît le souci de synthèse avec la démarche religieuse dont il perçoit déjà le risque qu'elle ne s'enferme dans des catégories culturelles trop rigides. Il participe aux fouilles de Santander en Espagne.

En **1914** la guerre éclate. Pierre Teilhard est mobilisé comme brancardier et refusera toute promotion pour rester au milieu des hommes. L'expérience de la « grande guerre » sera décisive : *« Il me semble qu'on pourrait montrer que le front n'est pas seulement la ligne de feu, la surface de corrosion des peuples qui s'attaquent, mais aussi en quelque façon, le front de la vague qui porte le genre humain vers ses destinées nouvelles... Quand on regarde dans la nuit à la lumière des fusées, il semble que l'on soit à l'extrême limite de ce qui est réalisé et de ce qui tend à se faire. »*

Le **24 octobre 1916**, son régiment s'empare de Douaumont. Il obtiendra pour sa bravoure plusieurs citations, la médaille militaire et la légion d'honneur.

Démobilisé en mars **1919**, Teilhard entre dans sa trente-neuvième année. Une fois de plus sa famille a été durement frappée. Ses deux frères, Gonzague et Olivier, sont morts au combat. A l'été 1919, il séjourne à nouveau à Jersey où il écrit *La Puissance spirituelle de la matière* dont les propos inhabituels feront déjà réagir nombre de ceux qui ne le comprennent pas.

Teilhard retrouve ses travaux à Paris. Il prépare sa licence qu'il passe en **1920**. Son intérêt se porte sur les fossiles humains puis sur les mammifères du tertiaire, ce qui lui vaudra rapidement d'être considéré comme spécialiste mondial de la stratigraphie des failles. Sa thèse, passée avec succès le **22 mars 1922**, porte sur le sujet suivant : *Les mammifères de l'éocène inférieur français et leurs gisements*. Il obtient une chaire à l'Institut Catholique de Paris, fait des conférences aux normaliens et travaille avec le successeur de Bergson au Collège de France, Édouard Le Roy. C'est alors que se produit l'événement décisif de sa destinée : un voyage en Chine. Il s'embarque avec un ordre de mission pour collaborer avec le Père Licent, responsable à Tien Tsin d'un important laboratoire collaborant avec le Muséum de Paris et le laboratoire Boule.

La découverte de la Chine est un choc. Teilhard écrit régulièrement ses impressions et compose plusieurs de ses textes dont la *Messe sur le Monde*.

En **septembre 1924**, retour en France et reprise avec son poste de professeur à la Catho de Paris d'un cycle de conférences aux étudiants des grandes écoles (Normale, Polytechnique et autres...). Les auditeurs sont enthousiastes et se communiquent rapidement les notes recueillies.

Jugeant nécessaire d'accorder avec le dogme du « péché originel » ses nouvelles découvertes, il élabore quelques pages destinées aux théologiens. Les feuilles arrivent à Rome... Teilhard est privé de sa chaire et prié de repartir en Chine. Il écrit à son ami le Père Valensin : *« C'est fait, on me déplace.*

*Cher ami, aidez-moi... J'ai fait bonne figure, mais intérieurement c'est comme l'agonie ou la tempête. Il est essentiel que je montre par mon exemple que si mes idées paraissent novatrices, elles me rendent aussi fidèle...* »

Cet exil va faire de la Chine — malgré de nombreux voyages à travers le monde — son pays pendant 20 ans. Il travaillera avec le service géologique américain de Pékin et participera avec une autorité exceptionnelle à la découverte du sinanthrope. Il continue également à réfléchir et commence à écrire, à ce moment-là, *Le Milieu Divin*.

Il devient bientôt le meilleur connaisseur mondial de la Chine du Nord du point de vue géologique.

Le **28 décembre 1929**, Marcelin Boule reçoit le télégramme suivant de Chine : « *Compliments nouvelle année. Avons découvert à Chou Kou Tien crâne sinanthrope adulte non écrasé, entier sauf face...* » Cette découverte sera très importante alors pour la paléontologie. Déjà Teilhard élabore les premières pages de son œuvre maîtresse, *Le Phénomène humain* :

« *Mais qu'est-ce donc au juste que le Phénomène humain ? Comment se situe donc, que vient donc faire, dans le développement expérimental du monde, l'extraordinaire pouvoir de penser... ?* »

De retour rapide à Paris, Teilhard fait une conférence au groupe Marcel Légaut et déclare : « *Pour les observateurs de l'Avenir, le plus grand événement sera le surgissement d'une conscience humanitaire collective et d'une œuvre humaine à faire.* »

Il repart en Chine où il fête ses cinquante ans.

Il écrit *L'Esprit de la Terre* : *« Appuyé sur ce que m'ont appris depuis toujours la Religion et la Science, j'ai cherché ici à émerger. J'ai voulu sortir du brouillard pour trouver la vue des choses elles-mêmes. »*

Pierre Teilhard participe ensuite, comme scientifique, à la fameuse expédition Citroën, dite la « Croisière jaune » en Asie centrale. Fait héroïque mettant à contribution la science et les progrès mécaniques de l'automobile.

Cette traversée lui permet des observations humaines et religieuses importantes. Au contact de ce groupe hétéroclite sa façon de concevoir l'évangélisation, qui le hantait, se modifie : *« Ne rien détruire mais faire monter. Car tout ce qui monte converge vers le Christ. »*

Teilhard rentre à Paris puis engage une série de voyages d'études, en particulier dans l'Orégon.

En **1933** le monde européen bouge. Le jésuite est inquiet. Il écrit au Père de Lubac : *« Vous devez être frappé des caractères extraordinaires de la crise humaine moderne. Les fascismes me semblent de plus en plus anormaux, stériles, régressifs et temporaires. »*

En **mai 1934**, Teilhard est en pleine période de vérification et d'explication sur le terrain où se sont faites les découvertes. Il remonte le Yang Tsé Kiang jusqu'aux premiers contreforts du Tibet.

Après un nouveau bref séjour en France, Teilhard part pour les Indes. Il vérifie ses hypothèses géologiques et participera à plusieurs expéditions. Il aide les savants de Terra et Patterson à mettre au point leurs hypothèses sur la préhistoire indienne.

Invité par le professeur Von Koenigsvald, il

s'arrête à Java où l'on a découvert un deuxième crâne plus complet que le premier. Il revient à Pékin en **janvier 1936**. Nouvelles épreuves familiales. Il avait déjà perdu son père quatre ans auparavant. Sa mère meurt le 7 février 1936. Puis, le **17 août**, sa sœur Marguerite est elle aussi rappelée à Dieu : *« Ô Marguerite, ma sœur, pendant que, voué aux forces positives de l'univers, je courais les continents et les mers, passionnément occupé à regarder monter toutes les teintes de la terre, vous, immobile, étendue, vous métamorphosiez silencieusement en lumière, les pires ombres du monde. »*

Malgré quelques signes avant-coureurs de fatigue profonde, Teilhard continue à multiplier ses contacts : *« Du point de vue strictement personnel, 1937 m'apparaît comme une année lourde et compliquée et ma vie comme un pèlerinage sans fin. Mais je vois clairement que ce serait une infidélité de ma part que de ne pas reprendre le bâton et le régime des séparations qui me coûtent tant. »*

Il part pour les USA. A bord du bateau il écrit *Le Phénomène spirituel* : *« C'est sur l'océan mystérieux des énergies morales à explorer que s'embarqueront les plus hardis navigateurs de demain... »*

Aux États-Unis en **1937**, Teilhard reçoit, à l'occasion du congrès de Philadelphie, la médaille Mendel en reconnaissance de ses travaux.

Il se réembarque pour Pékin. Pendant la traversée, il écrit *L'Énergie humaine*. En **1938** il part pour la Birmanie avec Helmut de Terra. Les deux savants travaillent dans la vallée de l'Irrawadi. Puis c'est une dernière expédition à Java. Teilhard est fatigué. De Terra précise : « Il était épuisé, mais aucune critique ne sortait de sa bouche, aucune plainte... Il partageait tout avec nous. »

Retour en France de **novembre 1938 à juin 1939** : « *Quelque chose de nouveau et de large est en train de se mouvoir dans le monde, loin des ridicules tréteaux de la politique. Partout je trouve l'attente d'une nouvelle croyance de l'homme en une évolution spirituelle du monde.* »

Il demeure aux *Études*, centre intellectuel des jésuites à Paris et fait une série de conférences à Toulouse sur la demande de son ami Bruno de Solages. Puis à Paris il reprendra un cycle restreint de rencontres. Le **24 juin** il réembarque pour les États-Unis où il s'arrête au Muséum d'Histoire Naturelle de New York pour y rencontrer le Pr. Granger. Ce sera ensuite de nouveau la Chine où il fondera avec le P. Leroy l'Institut de géobiologie de Pékin. Le **1er mai 1941**, Teilhard a 60 ans :

« *J'ai passé la soixantaine. Incroyable la vitesse du temps. Toute ma spiritualité est de plus en plus de m'y abandonner comme à la présence et à l'action de Dieu. Communier au devenir est ma formule de prédilection.* »

Teilhard voudrait bien raconter toute l'histoire zoologique de la Chine. Mais les événements se précipitent et il se résoud à ne pouvoir faire ce qu'il souhaiterait. Il rencontre de nouvelles difficultés pour la publication de ses ouvrages. Il quitte définitivement la Chine sur le point de devenir la Chine populaire non sans y avoir beaucoup appris :

« *Quel que soit le pays, le Credo ou le niveau social de celui que j'aborde, mais pourvu qu'en lui comme en moi, couve un même feu de l'attente, c'est un contact profond, définitif et total qui s'établit.»*

Teilhard passe cinq années à Paris. En **1947** il participe au colloque international de Paléontologie et y retrouve de nombreux savants devenus ses amis, entre autres le professeur Lucien Cuénot. Mais la maladie le guette. L'usure et le rythme incessant de son travail et de ses recherches ont raison de lui. Le **1**[er] **juin 1947** il est atteint d'un infarctus.

A l'épreuve physique, succède l'épreuve morale. Teilhard doit s'expliquer à Rome. Il accepte avec calme et une relative confiance. Pourtant la déception est grande. On lui refuse d'accepter une chaire au Collège de France et on refuse d'imprimer son essai *Le Phénomène humain*. Teilhard réagit intérieurement, mais il souffre et il le dit :

*« Profondément attaché à l'obéissance, je préfère tout sacrifier que de porter atteinte à l'intégrité du Christ... Mais le fossé se creuse dans le monde intellectuel entre les théologiens et les savants. Je ne vois guère comment mes idées verront le jour autrement que par manuscrit ou sous le manteau. Le Seigneur fera ce qu'il voudra. Mais pour un nouvel humanisme penché sur l'avenir, il ne faut rien moins qu'un christianisme approfondi et repensé à la nouvelle échelle du monde... »*

Teilhard est une nouvelle fois sommé de quitter Paris. Pourtant autour de lui se resserre un cercle important d'amis et d'intellectuels qui l'encouragent et l'incitent à poursuivre. Il est promu officier de la Légion d'Honneur au titre des Affaires étrangères avec dans la citation les mots suivants : « Considéré dans les domaines de la Géologie et de la Paléontologie comme une gloire de la science française. » En repos au château des Moulins à Neuville, chez son frère Joseph. Il y reçoit beaucoup de monde des milieux universitaires, philosophiques et scientifiques et y achève *Ce que je crois* et *Le Cœur de la Matière*.

En **juillet 1951**, il fait un premier voyage en Afrique du Sud, pour continuer l'investigation des sites à australopithèques. Il coordonne les recherches et continue d'écrire : *« En ce moment, comme au temps de Galilée, ce qui nous est nécessaire, ce sont bien moins de nouveaux faits qu'une nouvelle façon de regarder les faits. Une nouvelle manière de voir liée à une nouvelle manière d'agir. Voilà ce qu'il nous faut. »*

A partir de **1951**, Teilhard s'établit définitivement à New York, à la fondation Wenner où il poursuit son travail. Il fréquente régulièrement la maison Saint-Ignace où il célèbre la messe.

Il entreprend en **1952** un voyage scientifique dans le sud des États-Unis. Puis la fondation Wenner lui demande d'aller une nouvelle fois en Afrique du Sud. Nombreuses observations dans la brousse africaine, les chutes du Zambèze... Ses contacts seront encore nombreux avec les spécialistes et savants.

Le temps s'écoule et Teilhard le sent. Il revient à New York : *« Je n'ai jamais ressenti aussi vivement que toute inspiration et toute force venait de Dieu. »*

A l'**été 1954**, il vient pour la dernière fois en France dans sa maison natale puis, de retour à New

York, rassemble les grands axes de sa pensée : « *Ma vocation est de vouer ma vie à la découverte et au service du Christ universel, et ceci dans une fidélité absolue à l'Église, mais c'est décidément dans l'ombre et l'éloignement que je dois travailler... Ma prière : "Jésus, il faut que je finisse en geste, en témoignage...".* »

Le **15 mars 1954**, au cours d'un dîner au Consulat de France, Pierre Teilhard dit à ses proches : « *J'aimerais mourir le Jour de la Résurrection.* »

Les premiers mois de 1955, Teilhard écrit — ce sera son dernier texte — *Le Christique*.

Le **dimanche 10 avril 1955**, jour de Pâques... New York est envahi par le printemps. Pierre Teilhard de Chardin, après sa messe matinale, assiste à celle de la cathédrale Saint-Patrick. L'après-midi, en rentrant d'un concert, il s'arrête chez des amis pour prendre le thé. Une douleur fulgurante... Il tombe évanoui. Il revient à lui et dit simplement : « *Cette fois, c'est terrible...* » Puis il succombe. Il avait soixante-quatorze ans.

Selon les coutumes américaines, Pierre Teilhard est embaumé. La célébration des funérailles, dans la plus grande simplicité, est présidée dans la chapelle de la résidence jésuite par le P. de Breuvery, devant une dizaine de personnes dont l'ambassadeur de France à l'ONU et le P. Leroy arrivé la veille. Le corps est ensuite transporté vers le cimetière du noviciat à soixante kilomètres de là où l'on peut encore venir se recueillir devant une simple tombe surmontée d'une croix et des mots suivants : Pierre Teilhard de Chardin, s.j. 1881-1955.

Dès les mois suivants la renommée du Père Teilhard s'étend définitivement. Elle retrouvera —

passé un temps de silence au cours des années soixante-dix — le rayonnement universel que nous lui connaissons aujourd'hui, non point pour son propre mérite mais « pour une plus grande gloire de Dieu »...

# UN MONDE TRANSPARENT DE DIEU

«*Le monde, au cours de ma vie, par toute ma vie, s'est peu à peu allumé, enflammé à mes yeux, jusqu'à devenir, autour de moi, entièrement lumineux par le dedans... Telle que je l'ai expérimentée au contact de la terre : la Diaphanie du divin au cœur d'un univers devenu ardent* (XIII, 21)... *Dieu, Dieu seul, en effet, agite de son Esprit la masse de l'Univers en fermentation...*» (XII, 171).

Cette première étape ne peut commencer logiquement que par le rappel de l'importance que revêt pour Teilhard la Révélation de Dieu au Monde. Si le chercheur qu'il est, essaiera toute sa vie d'articuler le Dieu révélé et l'Omega, point culminant de l'évolution, le croyant qu'il est reçoit de toute la Tradition et dans sa conviction la plus intime la certitude d'une manifestation du Dieu vivant et personnel au monde. Il le dit dès les premières lignes du Milieu divin :

«*Placez-vous comme moi, ici, et regardez : de ce*

*point privilégié qui n'est pas le sommet difficile réservé à quelques élus mais qui est la solide plate-forme construite par deux mille ans d'expérience chrétienne, vous allez voir tout simplement s'opérer la conjonction des deux astres dont les attractions diverses désorganisaient votre foi. Sans mélange, sans confusion, Dieu, le vrai Dieu chrétien, envahira sous vos yeux l'Univers. Il le pénétrera comme un rayon fait d'un cristal* » (IV, 26).

La raison elle-même peut sérieusement envisager cette Révélation, en effet « *une fois admise la personnalité de Dieu, la possibilité et même la probabilité théorique d'une révélation, c'est-à-dire d'une réflexion de Dieu sur notre conscience, non seulement ne font pas de difficultés mais sont éminemment conformes à la nature des choses... Entre intelligences, une présence ne saurait être muette* » (X, 187).

La création est un grand livre constamment ouvert à la recherche et à la contemplation des hommes : « *Non, la Création n'a jamais cessé mais son acte est un grand geste continu espacé sur la totalité des temps.* » Mais pour lire Dieu dans les faits ou les événements il faut d'abord manifester « *une fidélité à suivre l'étoile toujours montante de la Vérité. Seule la pureté du cœur (aidée ou non de la grâce suivant le cas) et non pas la pure science est capable en présence du monde en mouvement... de découvrir avec certitude, derrière les forces de la nature, un créateur* » (X, 40).

Ce Dieu qui s'inscrit dans le monde est bien celui que nous annonce et nous dévoile la tradition biblique et le christianisme : Dieu Trinité. « *Si Dieu n'était pas trin, nous ne concevrions pas qu'il pût...*

*créer (donc s'incarner) sans s'immerger totalement dans le Monde qu'il suscite. De ce point de vue, la nature trinitaire de Dieu n'est pas une conception sans attache spécifique avec nos besoins religieux les plus actuels* » (X, 186). Dieu incarné : « *Pour Dieu, s'incarner dans le Monde c'est y naître. Or comment y naître sinon à partir d'un individu ?* »

La Révélation devient alors Révélation divine pour guider l'intelligence et la foi : « *La Révélation n'est pas venue nous dispenser de chercher : mais seulement nous dire dans quel sens il faut chercher.* »

Or nous avons soif, soif d'Absolu, soif de voir et de connaître : « *Voir, on pourrait dire que toute la vie est là, sinon finalement, du moins essentiellement.* » Comment alors, aidés par les prophètes et les mystiques, appuyés sur le sens de l'Écriture, ne pas comprendre que le monde, si nous acceptons d'interrompre nos rythmes fous et nos logiques d'enfermement, est transparent de Dieu ?

Le monde, dans toutes ses dimensions, qu'elles soient objet d'exploration scientifique ou de contemplation, manifeste la présence et l'action de Dieu en même temps que la recherche de l'homme : « *Dieu qui a fait l'homme pour que celui-ci le trouve. Dieu que nous cherchons à saisir par le tâtonnement de nos vies, ce Dieu nous enveloppe de partout comme le monde lui-même. Que vous manque-t-il donc pour que vous puissiez l'étreindre ? Une seule chose, le voir* » (IV, 25).

Mais voir Dieu n'est possible que dans une juste saisie de la totalité du monde. Les souffrances ou les épreuves ne repoussent ni Dieu ni l'idée de Dieu hors du Monde : « *Toute ma vie intérieure s'oriente et se confirme de plus en plus dans l'union à Dieu trouvé dans toutes les forces intérieures et extérieures de ce monde. Mais pour que cette attitude ait son efficacité il ne faut rien exclure de ces forces : ni la mort, ni la persécution sur le domaine des idées. Tout est transformable en Notre Seigneur si nous croyons »* (LLZ, 73).

Ce que nous appelons, à la suite de Teilhard, la « Diaphanie » n'est autre que l'illumination du monde jusque dans ses zones les plus obscures, par la présence universelle de Dieu : *« Le grand mystère du christianisme, c'est la Transparence de Dieu dans l'Univers... Pas votre Épiphanie, Jésus, mais votre Diaphanie... Le Milieu Divin se manifeste à nous comme une incandescence des nappes intérieures de l'être... Le Milieu Divin est une atmosphère toujours plus lumineuse et toujours plus chargée de Dieu. »*

Si, pour la Tradition chrétienne, le fait de l'Incarnation est essentiel, c'est bien parce que la « Lumière véritable est venue en ce monde » (Jn 1, 9) et que désormais ce monde ne fait pas échec à Dieu. Mieux, il le révèle. C'est Dieu qui conduit l'humanité à le connaître et à l'aimer à travers les événements, les croissances ou les échecs de l'évolution. Le monde moderne souffre des cloisonnements qu'il établit entre la fascination du progrès sous toutes ses formes et la quête spirituelle qui ne cesse de se développer. Teilhard est bien de ceux qui ont, sur ce point, un message urgent à transmettre : *« Seigneur... vous êtes descendu en moi à la faveur d'une petite parcelle des choses et puis soudain, vous vous êtes déployé à mes yeux comme l'universelle existence »* (XII, 161).

Comment ne pas rappeler ici en écho ce texte d'Ignace dans les *Exercices* : « Regarder comment Dieu habite dans les créatures, dans les éléments par le don de l'être, dans les plantes par la croissance, dans les animaux par la sensation, dans les hommes par le don de l'intelligence... »

La Création toute entière, pour Teilhard, est une Parole et un signe de Dieu jusque dans les aspects les plus abrupts ou les plus violents de son apparence. Face à sa complexité notre responsabilité ne fait que croître : « *La nature est une puissance biface : fardeau, menace, pour nos vies, allégresse physique et joie de grandir. Ainsi la puissance spirituelle de la matière est à capter pour Dieu.* »

L'humanité est obligée, en raison de sa structure même, de remonter à la source : « *Justement parce qu'il est infiniment profond et ponctiforme, Dieu est infiniment proche et répandu partout. Mais notre Dieu pousse à l'extrême la différenciation des créatures qu'il concentre en lui.* »

En définitive, pour Teilhard, la « Diaphanie » du monde se réalise, dans un mouvement constant d'évolution, comme une luminosité qui tend à tout envahir en une création continuée : « *La foi est la conviction pratique que l'Univers, entre les mains du Créateur, continue d'être l'argile dont il pétrit à son gré les possibilités multiples. Ce ne sont pas les rigides déterminismes de la matière... mais les souples combinaisons de l'Esprit qui donnent à l'Univers sa consistance.* »

Oui, vraiment, « *le monde est plein, il est plein d'Absolu* ». Ne faut-il pas adhérer à Dieu par toute l'extension de l'Univers ? Sans pour autant restreindre le rôle essentiel de la foi dans la découverte et la reconnaissance de Dieu à travers les apparences du monde : « *Croyons-nous ? Tout s'illumine et prend figure autour de nous : le hasard s'ordonne, le succès prend une plénitude incorruptible, la douleur devient une visite et une caresse de Dieu. Hésitons-nous ? le rocher reste sec, le ciel noir, les eaux traîtresses et mouvantes. Et nous pourrions entendre la voix du Maître en face de notre vie gâchée : "Ô hommes de peu de foi, pourquoi donc avez-vous douté ?"* » (EP, 88).

Le Monde, dans la foi en Dieu vivant, devient l'autel sur lequel, tant par les forces qui font grandir la Terre que par celles qui la font mourir, se réalise l'acte d'Union le plus lumineux et l'échange d'Amour le plus puissant : « *Celui qui aimera passionnément Jésus caché dans les forces qui font grandir la Terre, la Terre, maternellement, le soulèvera dans ses bras géants et elle lui fera contempler le visage de Dieu... Celui qui aura aimé passionnément Jésus caché dans les forces qui font mourir la Terre, la Terre en défaillant, le serrera maternellement dans ses bras géants, et avec elle, il se réveillera dans le sein de Dieu* » (XIII, 151).

**Texte à méditer** : Actes des Apôtres 16, 16-34.

Donne-nous, Dieu notre Père, de lire ta présence lumineuse dans le Monde et dans l'Histoire.

# LE CHRIST UNIVERSEL ET LE MILIEU DIVIN

« *Christ glorieux, influence secrètement diffuse au sein de la matière et Centre éblouissant où se relient les fibres sans nombre du Multiple. Puissance implacable comme le Monde et chaude comme la Vie, vous dont le front est de neige, les yeux de feu, les pieds plus étincelants que l'or en fusion. Vous dont les mains emprisonnent les étoiles. Vous qui êtes le premier et le dernier, le vivant, le mort, le ressuscité... C'est vous que mon être appelait d'un désir aussi vaste que l'Univers : Vous êtes vraiment mon Seigneur et mon Dieu* » (XIII, 34).

Le Christ est au centre de la pensée de Teilhard et au cœur battant de son existence. Nous sommes ainsi conduits à nous poser la question : quelle est ma foi au Christ vivant et présent ? Puis-je reprendre à mon compte ces paroles du savant jésuite : « *Avec un renouveau de résolution et de lumière, je voue ma vie et me voue au service particulier du corps du Christ, subi, aimé, promu, dans toutes les zones où l'Esprit naît et se forme pour Dieu au sein de l'Univers et de l'Effort humain»* (C, 4).

Croire en Jésus le Christ ne peut être une simple juxtaposition de convictions religieuses mais un acte libre culminant dans une relation personnelle d'Amour. La dimension universelle et cosmique que Teilhard reconnaît au Jésus ressuscité et à son rôle présent ne se dissout pas dans un vague syncrétisme mais s'exprime selon toutes les données historiques et mystiques de la Tradition chrétienne.

*«Le Christ n'est pas un accessoire surajouté au Monde, un ornement, un roi comme nous en faisons, un propriétaire... Il est l'alpha et l'omega, le principe et la fin, la pierre du fondement et la clé de voûte, la Plénitude et le Plénifiant. Il est celui qui consomme, celui qui donne à tout sa consistance. Vers lui et par lui; Vie et lumière intérieures du Monde, se fait, dans la plainte et l'effort, l'universelle convergence de tout l'esprit créé. Il est le Centre unique, précieux et consistant, qui étincelle au sommet à venir du monde, à l'opposé des régions obscures, éternellement décroissantes où s'aventure notre Science quand elle descend la route de la matière et du passé»* (IX, 60).

Nous pouvons méditer ici sur les affirmations de saint Paul dans sa lettre aux Colossiens (Col 1, 15-20). Teilhard se reconnaîtra dans ces perspectives de récapitulation et d'unification (Ep 4, 9s; I Co 15, 23s), comme dans celles de Jean (1 et 12, 32).

Mais cette affirmation du Christ centre ne peut être isolée d'une compréhension globale de la dynamique de la Révélation. Le Christ est la manifestation du Dieu créateur et devient par la Résurrection celui qui achève et résume tout en lui.

La dimension historique et humaine de l'Incarnation est capitale : « *Supprimée la réalité historique du Christ, l'omniprésence divine qui nous enivre devient semblable à tous les autres rêves de la Métaphysique : incertaine, vague, conventionnelle, sans contrôle expérimental décisif pour s'imposer à nos esprits, sans directives morales pour s'assimiler nos vies* » (IV, 140).

La référence à l'Évangile et à ses contours humains et culturels, à son langage imagé et à son enracinement social et religieux est essentiel pour comprendre la portée universelle du salut. Pour Teilhard, le Christ est né de Marie et mort en croix : « *Aussi loin qu'on se laisse entraîner dans les espaces divins de la mystique chrétienne on ne sort pas du Jésus de l'Évangile.* »

Le lien est fermement maintenu entre incarnation et accomplissement final : « *Plus en effet on réfléchit aux lois profondes de l'évolution, plus on se convainc que le Christ universel ne saurait apparaître à la fin des Temps, au sommet du Monde, s'il ne s'y était préalablement établi en cours de route, par voie de naissance, sous la forme d'un élément.* » Seule cette figure du Christ peut correspondre à l'ambition de notre temps qu'aucun projet trop réduit ne saurait satisfaire. Un Dieu à dimension restreinte, une religion aux contours limités et mesquins n'intéresseront jamais un homme assoiffé d'absolu : « *Un Christ rapetisseur de Dieu... Oh que ce soupçon mortel se volatilise donc aisément... dès l'instant où, parce que sensibilisé à la mystique moderne on s'aperçoit... qu'un Dieu historiquement incarné est au contraire le seul qui puisse satisfaire, non seulement aux règles inflexibles d'un Univers où rien ne se produit et n'apparaît que par voie de naissance, mais encore aux aspirations irrépressibles de notre Esprit* » (XIII, 66).

Le Christ, à la mesure de l'immensité du monde, Teilhard l'appelle, en consonance avec les grands textes de saint Paul, le Christ Universel. Il n'est autre que le Ressuscité étendant son pouvoir jusqu'aux limites de l'Univers : « *Le Christ universel tel que je le comprends, c'est une synthèse du Christ et de l'Univers...* » De fait, les expressions « Christ cosmique », « Christique », « Milieu divin », comme celle de « Christ universel » relèvent de ces néologismes qui veulent exprimer finalement la même réalité : pour aussi vaste que l'Univers se découvre, il ne peut échapper à l'action transformante et illuminatrice du Christ : « *L'Univers est imprégné jusque dans sa moelle matérielle de l'influence de la surhumaine nature du Christ. La présence du Verbe incarné pénètre tout comme un élément universel.* »

Incarnation de Dieu, le Christ ne peut être moindre que Dieu en sa puissance infinie. Face aux immensités physiques et spirituelles, aux croissances ou aux forces d'engloutissement, seul le Christ de gloire est capable de « *couvrir les formidables dimensions de l'Univers* ».

Mais comment comprendre la Résurrection ? Pour Teilhard, elle donne à l'action du Christ et à son œuvre de salut une portée décisive pour l'Évolution de l'Univers : « *La Résurrection, nous cherchons beaucoup trop à la regarder comme un événement apologétique et momentané, comme une petite revanche individuelle du Christ sur le tombeau. Elle est bien autre chose et bien plus que cela. Elle est un* "formidable" *événement cosmique. Elle marque la prise de possession effective par le Christ de ses fonctions de Centre universel... Quand, en face d'un Univers dont l'immensité physique et spirituelle se révèle à nous de plus en plus vertigineuse, nous sommes effrayés du poids toujours croissant d'énergie et de gloire qu'il faut placer sur le fils de Marie pour avoir le droit de continuer à l'adorer, pensons à la Résurrection* » (IX, 92).

Aujourd'hui et pour toujours le Christ ressuscité est présent au monde et nous y révèle Dieu. Le Milieu Divin a un centre. En lui tous les éléments de l'Univers se touchent en leur plus grande intériorité. Or celui qui unit les éléments et les personnes en les agrégeant à son Corps, c'est le Christ : « *Je vous aime Jésus comme la Source, le Milieu actif et vivifiant.* »

Être uni au Christ c'est quitter ce qui n'est souvent que désolation de surface : « *Laissons la surface. Et sans quitter le Monde, enfonçons-nous en Dieu. Là et de là, en lui et par lui, nous tiendrons tout et nous commanderons tout. Toutes les fleurs et les lumières que nous aurons dû abandonner pour être fidèles à la vie, un jour nous retrouverons là leur essence et leur éclat. Les êtres que nous désespérions d'atteindre et d'influencer, ils sont là, tous réunis par la pointe la plus vulnérable, la plus réceptive, la plus enrichissante de leur substance... et, en même temps, nous éprouverons que s'ordonne sans effort, au fond de nous-mêmes, la plénitude de nos forces d'action et d'adoration»* (IV, 138).

Nous reviendrons plus loin, d'une autre manière, sur les conséquences de cette union au Christ mais ici il nous est bon, dans une attitude de prière, de comprendre que l'Espérance dont le Monde a tant besoin ne suppose pas une fuite des réalités terrestres ou un soupçon du visible et du palpable. L'espérance intègre, au contraire, dans leur pleine dimension tous les aspects de l'existence et de l'Histoire. Cela, parce que Jésus, le Verbe éternel et l'homme de Nazareth est ressuscité.

*« Seigneur, parce que, de tout l'instinct et par toutes les chances de ma vie, je n'ai jamais cessé de vous chercher et de vous placer au cœur de la Matière universelle, c'est dans l'éblouissement d'une universelle transparence que j'aurai la joie de fermer les yeux... Sous la forme d'un "tout petit" entre les bras de sa Mère — conformément à la grande Loi de Naissance —, vous avez pris pied dans mon âme d'enfant, Jésus. Et voici que répétant et prolongeant en moi le cercle de votre croissance à travers l'Église... votre humanité palestinienne s'est peu à peu répandue de toutes parts comme un iris innombrable où votre Présence, sans rien détruire, pénétrait, en la suranimant, n'importe quelle autre présence autour de moi... »* (XIII, 67).

**Texte à méditer :** Colossiens 1, 12-23.

Christ ressuscité, tu es au cœur de notre existence comme Celui qui libère et qui accomplit.

# LE SENS DE LA CROIX

*« Il est parfaitement vrai que la Croix signifie évasion hors du Monde sensible, et même en un sens, rupture avec ce Monde. Par les derniers termes de l'Ascension où elle nous convie, elle nous force en effet à franchir un palier, un point critique, par où nous perdons pied avec la zone des réalités sensibles. Cet "excès" final, entrevu et accepté dès les premiers pas, jette forcément un jour, un esprit particulier sur toutes nos démarches. Et voilà précisément où gît la folie chrétienne au regard des "sages" qui ne veulent risquer sur un total "Au-delà" aucun des biens qu'ils ont actuellement entre les mains... Vers les sommets embrumés pour nos yeux humains, où nous convie le Crucifix, nous nous élevons par un sentier qui est la voie du Progrès universel. La voie royale de la Croix, c'est tout justement le chemin de l'effort humain, surnaturellement rectifié et prolongé. Pour avoir entendu pleinement le sens de la Croix, nous ne risquons plus de trouver la vie triste et laide. Nous sommes devenus seulement plus atten-*

*tifs à son incompréhensible gravité»* (IV, 118).

Les écrits de Teilhard sur la Croix conduisent, à travers l'originalité incontestable de sa pensée, à mettre en valeur deux aspects.

Le premier concerne la théologie spirituelle : la perspective sur laquelle insiste presque exclusivement Teilhard — sans nier tous les autres aspects — est celle d'une tension indiquant une dynamique d'accomplissement à travers la rupture et la souffrance violentes. Le Christ est bien celui qui est cloué sur la Croix, mort par excès d'Amour et signifiant le monde crucifié. Mort pour sauver, par cet acte unique, l'humanité enfermée dans le péché. Mais ce Christ est Dieu. Et Dieu, par la Croix, fait culminer, selon une autre logique, la Révélation. La lumière n'est pas absente du Golgotha, elle est autre : «*A première vue ce corps sanglant peut nous paraître funèbre. N'est-ce pas de la nuit qu'il rayonne?*» La nuit de Dieu, celle de la création et de la naissance. Celle du surgissement et de la confiance : «*Pour le chrétien, il n'est pas question de s'évanouir dans l'ombre mais de monter dans la lumière de la Croix.*»

Le second aspect concerne l'expérience personnelle de Teilhard qui peut permettre de comprendre son écrit. L'homme a connu d'un bout à l'autre de sa vie l'alliance douloureuse entre recherche et rupture, certitude et hésitation, fidélité et condamnation. Chez celui qui disait : « *Toute aventure spirituelle est un calvaire...* » ou encore : «*Je ne pensais pas que l'on pouvait tant souffrir*», la déchirure a été habituelle : familiale, amicale, institutionnelle, sans que jamais le projet intérieur ne soit interrompu ou fondamentalement remis en cause. La Croix a été véritablement vécue comme un seuil d'émergence et une victoire, avec le Christ, sur les forces de résignation ou de capitulation.

La Croix, chez Teilhard, fait partie intégrante du message chrétien et de la foi de l'Église. Comme il ne veut pas faire sur ce point œuvre théologique, il ne développera pas les éléments relais qui eussent été nécessaires mais qui sont ici supposés, dont le rapport entre la Croix et la Rédemption par le Christ. Incontestablement la logique spirituelle bascule ici du côté de l'Incarnation et — ce point ne manque pas d'intérêt — situe la Croix comme un élément du monde pouvant manifester autre chose que l'effroi, la dislocation ou la mort totale : *« Trop souvent, la Croix a été présentée à notre adoration, moins comme un but sublime que nous atteindrons en nous surpassant nous-mêmes, que comme un symbole de tristesse, de restriction, de refoulement »* (IV, 115).

Teilhard est johannique, ne l'oublions pas. Dans sa spiritualité, Incarnation, Passion, Résurrection, sont étroitement articulées.

La Croix est le signe le plus clair du paradoxe progrès/détachement que nous aborderons lors de la sixième étape. *« Elle est dressée en avant de la route qui mène aux plus hautes cimes de la création. Immersion et émersion, participation aux choses et sublimation, possession et renoncement, traversée et entraînement : voilà le mouvement double et unique qui répond pour la sauver aux provocations de la matière. »*

L'incarnation peut-elle éviter cette conséquence ? Non. La Croix est pour le croyant le signe de l'extrême proximité et de l'extrême abandon. L'Amour culmine où la souffrance domine. Dans l'acte par excellence du salut, acte d'Amour et non subterfuge, s'inscrit le détachement. L'abandon au Père étant pour le Christ l'ouverture à la lumière totale et à la vie. Pour Teilhard l'action implique le détachement : « *Telle est en effet la vivante logique de l'action, que nous ne puissions nous conquérir et nous grandir qu'en mourant peu à peu à nous-mêmes. Agir dignement, utilement... c'est s'unir. Mais s'unir c'est se transformer en un plus grand que soi.* »

Métamorphose et transfiguration. Enfantement et lumière. Dans saint Jean l'heure de la Croix est à l'instant même l'heure de la gloire : « Père, mon âme est troublée, mais que dirai-je ? Sauve-moi de cette heure ? Mais non ! C'est pour cette heure que je suis venu. Père glorifie ton nom... » (Jn 12, 27).

Tension et intériorisation : « *Quand par l'extase ou par la mort, Dieu veut définitivement se soumettre et s'unir le chrétien, on peut dire qu'il ne l'emporte que raidi par Amour et par obéissance dans l'extension de son effort...* »

Pour Teilhard, la Croix ne doit en aucun cas disparaître de l'horizon de la foi ni être atténuée dans ses conséquences, au cœur de l'Évangélisation des temps nouveaux. Bien au contraire. Ce qu'il faut éviter c'est qu'elle soit mal comprise ou incomprise, qu'elle devienne un obstacle dans l'annonce du Dieu vivant, même si elle reste toujours un scandale et une question. Éviter le malentendu sans empêcher toutefois la rupture inévitable. Pour reprendre le titre complet d'un écrit de 1952 : « *Ce que le Monde attend en ce moment de l'Église de Dieu : une généralisation et un approfondissement du sens de la Croix* » (X, 257).

Avant de détailler les thèmes les plus forts de l'article, redisons combien, pour le cohérent qu'est Teilhard, l'unité de conception et d'expression du message est importante. La Croix s'intègre alors dans un ensemble où les principaux signes du salut sont, dans leur différence, en complémentarité de sens par rapport à la Tradition chrétienne :

« *Un baptême où la purification devient un élément subordonné dans le geste divin total de soulever le Monde. Une Croix symbolisant bien plus que la faute expiée, la montée de la Création à travers l'effort. Un Sang qui circule et vivifie plus encore qu'il n'est répandu. L'agneau de Dieu portant, avec les péchés, le poids des progrès du Monde. L'idée de pardon et de Sacrifice se muant par enrichissement d'elle-même, en l'idée de Consommation et de Conquête. Le Christ Rédempteur, autrement dit, s'achevant, sans rien atténuer de sa face souffrante, dans la plénitude dynamique d'un Christ évoluteur.* »

La Croix occupe bien la place centrale, dominant l'Eucharistie et accompagnant, comme signe de reconnaissance, toute prière et tout sacrement chrétien. Si elle demeure ainsi, ce qui ne peut être contesté sous peine de défigurer le christianisme, qu'est-ce qui « *doit être changé* » ?

« *Pour régner sur une Terre éveillée soudain à la conscience d'un mouvement biologique qui l'entraîne vers l'avant, la Croix (sous peine d'être incompossi-*

*ble avec la nature humaine qu'elle prétend sauver) doit à tout prix, et au plus tôt, se manifester à nous comme un Signe, non seulement d'évasion, mais de progression. Elle doit briller à nos yeux, non plus seulement comme purificatrice mais comme "motrice". Mais une telle transformation est-elle possible, "sans déformation"? Oui, répondrai-je, elle est possible et même exigée, si l'on va au fond des choses, par ce qu'il y a de plus traditionnel dans l'Esprit chrétien.* »

Remarquons que Teilhard n'exclut pas mais articule : « *Non seulement, mais encore...* » La solution proposée est de ne point séparer l'acte rédempteur de la dimension eschatologique du monde en devenir. Expiation, oui. Mais expiation et évolution. La Croix brise la logique des puissants et des orgueilleux mais elle ne doit pas être un barrage entre la Parole de Dieu et la recherche des hommes.

« *En somme, malgré les profonds remaniements en cours dans notre vision phénoménale du Monde, la Croix est toujours debout. Elle se dresse même de plus en plus droit au carrefour de toutes valeurs et de tous problèmes, en plein cœur de l'Humanité. Sur elle peut et doit continuer, plus que jamais, à se faire la division entre ce qui monte et ce qui descend...* » (X, 260).

**Texte à méditer :** Jean 12, 1-36.

Esprit de Dieu répandu sur la croix, donne-nous, dans la nuit, la confiance du veilleur.

# UNE MYSTIQUE DE L'UNION

« *Ce n'est pas d'un tête à tête , ni d'un corps à corps : c'est d'un cœur à cœur que nous avons besoin. Dans ces conditions, plus je scrute la question fondamentale de l'Avenir de la terre, plus je crois apercevoir que le principe générateur de son unification n'est finalement à chercher, ni dans la seule contemplation d'une même Vérité, ni dans le seul désir suscité par Quelque chose mais dans l'attrait commun exercé par un même Quelqu'un* » (V, 99).

« *Le principe d'Unité qui sauve la Création coupable en voie de retourner en poussière c'est le Christ. Par la force de son attrait, par la lumière de sa morale, par le ciment de son être même, Jésus vient rétablir, au sein du Monde, l'harmonie des efforts et la conversion des êtres* » (XII, 143).

Le trait dominant de la personnalité de Teilhard, celui qui, en tous cas, le singularise et permet d'envisager sérieusement la pérennité de son œuvre, n'est lié ni à la science ni à la philosophie, pourtant largement honorées par sa recherche et ses écrits mais à la vie spirituelle. Teilhard est un mystique, un priant et un voyant. Fidèle à la grande tradition de saint Ignace il ne cessera d'alimenter sa soif d'absolu et son projet unificateur dans la prière et la méditation. « Intelligente piété » dira Pierre Leroy, son ami et collaborateur. Bruno de Solages parlera d'une « spiritualité mystique ». Le Père Noir, sur le point de publier ses *Carnets de retraite*, dont nous attendons beaucoup, écrit : « La passion d'Ignace pour une gloire de Dieu toujours plus grande se traduit chez Teilhard par l'adoration et l'annonce d'un Christ toujours plus grand, seul capable de combler le plus être d'une évolution en marche vers sa plénitude. »

L'adoration, dans le champ de la Révélation, conduit Teilhard à un besoin toujours plus fort de chercher l'unité dans la double expérience, externe et interne, qu'il fait du réel. La mystique de Teilhard est dès le départ, et fondamentalement, marquée par une double dimension cosmique et christique. Double passion du Monde et de Dieu qui caractérisera sa vie entière dès l'enfance.

L'expérience humaine est une recherche toujours plus exigeante pour entrer en contact avec l'Unité vitale de l'Univers, source pressentie mais mystérieuse. Il écrit en 1917 : « *L'âme porte en soi l'exigence d'un unique essentiel et l'assurance que cet essentiel existe pour elle... L'état mystique fondamental est un sentiment énergique d'omni-présence, une appréhension de perception de quelque chose qui est universel, constant, absolu, l'Amour de Tout, autour d'Un.* »

Cet état ne relève pas d'ailleurs pour Teilhard

d'une conception pré-scientifique du monde. On peut vraiment parler d'une mystique moderne : *« Par mystique moderne j'entends ici le besoin, la science et l'art d'atteindre en même temps et l'un par l'autre l'Universel et le Spirituel, une libération de toute multiplicité ou pesanteur matérielle. Voilà, plus profond que toute ambition de plaisir, de richesse et de pouvoir, le rêve essentiel de l'âme humaine. »*

Mais cet état s'éloigne radicalement, selon ses propres termes, des dangereuses mystiques naturalistes donnant aux plus belles initiations un air enfantin ou une note d'illuminisme. Cet état est adhésion au Dieu personnel de la Révélation par qui se dévoile progressivement le sens du monde et de l'histoire. L'unité du réel externe et interne n'est rendue possible que par l'expérience de la présence de Dieu à l'Univers et à l'humanité : *« En m'emparant de la Terre, c'est à Vous que je puis adhérer... Du milieu de son rêve, le mystique est un grand réaliste »* (XII, 182).

A partir de ce constat se déploie, chez Teilhard, une authentique et complète spiritualité dépassant l'aspect théorique ou doctrinal de son œuvre et exprimée par la référence à une expérience intérieure dont le Christ est le centre. Expérience qui ne dissipe pas l'humanité mais lui confère, au contraire, un sens plénier. Dans les premiers cahiers du journal de guerre cette perspective est déjà claire : *« Être un chrétien intégral mais en restant un homme plus humain que qui que ce soit... Veiller à ce que le Christ Universel ne devienne pas seulement pour moi le nœud de mes spéculations mais le fond réel de toute mon expérience pratique. » Le*

*Milieu divin* sera l'aboutissement et la traduction décisive de cette conviction : « *Le Royaume de Dieu est au-dedans de nous-mêmes. Quand le Christ apparaîtra... il ne fera que manifester une métamorphose lentement accomplie sous son influence, au cœur de la masse humaine. Attachons-nous donc, pour hâter sa venue, à mieux comprendre le processus suivant lequel naît et se développe en nous la Sainte Présence* » (IV, 158).

La spiritualité de Teilhard est donc définie par le lien étroit au Christ, révélateur de Dieu et source de la véritable transformation du monde : « *Je donnerais ma vie pour que se découvre enfin le Dieu de l'En Haut et de l'En Avant, c'est-à-dire le Christ universel en dehors de qui nous sommes en train d'étouffer.* » N'oublions pas, à ce propos, l'importance que revêtira pour le « jésuite Teilhard », sa fidélité jusqu'au bout aux retraites annuelles et la conscience qu'il avait de son ministère de prêtre, chargé de révéler aux hommes, en un même témoignage, la grandeur du Monde et la beauté de Dieu.

Il y a dans l'évolution de l'Univers une logique de l'Union. Perçue dans les mécanismes complexes des différentes phases d'organisation du monde, elle culmine dans l'acte d'Adoration et les exigences de l'Amour. La création est caractérisée par un processus d'unifications successives en vue d'une Union parfaite au terme. Teilhard, désireux de rendre compte de la présence constante de Dieu dans le monde créé tout en maintenant le principe de l'évolution du monde, utilise l'expression, certes délicate, d'« union créatrice » dont la difficulté de compréhension philosophique n'a d'égale que l'ambition spirituelle : mieux rendre compte du fait que Dieu créateur ne se sépare pas de son acte de création. Dieu crée en unissant et le rôle du Christ est unique. En son humanité il réalise l'union de la présence de Dieu et de l'expansion de cette présence à travers l'évolution. En sa gloire de ressuscité il est *« le sommet du cône »* en qui tout se récapitule :

*« La philosophie de l'Union créatrice... n'est que le développement, la généralisation, l'extension à l'Univers, de ce que l'Église nous enseigne touchant la croissance du Christ. Elle est la Philosophie de l'Univers conçue en fonction de la notion du Corps mystique. Ainsi l'ai-je découverte surtout, ainsi seulement pourra-t-elle être comprise : en cherchant à aimer et à saisir partout le Christ »* (XII, 222).

La mystique de l'Union de Teilhard le conduit à voir le monde en développement dans une vision d'ensemble. Il est l'homme de la synthèse et de la cohérence dont la source n'est autre que Dieu. Lui seul permet à l'ensemble de *« tenir par en haut »*. Le principe d'union de tous les éléments qui constituent le processus d'évolution n'est atteint que dans une même attitude d'observation et d'intériorisation. Science et mystique sont alors comprises comme les deux yeux d'un même regard vers l'absolu.

C'est à l'énergie glorieuse du Christ ressuscité que Teilhard relie la possibilité de la synthèse. Énergie qui permet la réalisation progressive du Corps. La cohérence ne peut être en aucun cas le fruit ni du hasard ni de la seule entreprise humaine. Il faut partir du Dieu Un en son principe et non de la capacité humaine affectée par la multiplicité. Partir d'en haut et non d'en bas : *« Si je prends l'Univers en remontant du moins au plus, j'aurai sans cesse des "arêtes" qui m'empêcheront d'avancer. L'inférieur supporte mais ne détermine pas entièrement le supérieur. Je n'obtiendrai une synthèse qu'en descendant du supérieur, c'est-à-dire du Corps du Christ à organiser. »*

Mais la synthèse n'est, dans l'ordre expérimental, que le fruit de la réalité invisible. Tout vient de Celui qui affronte la dispersion du monde par la force créatrice de son Amour mille fois plus unifiant que le péché ne divise. Le message du christianisme doit être d'Amour et d'unité, de progrès et de communion.

*« Sous l'effort persistant de la pensée chrétienne l'énormité angoissante du Monde converge peu à peu vers le haut jusqu'à se transfigurer en un foyer d'énergie aimante... Joignons le corps à la tête, la base au sommet : et brusquement c'est une plénitude qui jaillit »* (XI, 139).

Cette plénitude dont la prière fait pleinement prendre conscience, contribue au bonheur de l'homme. Elle le fait avancer en sens inverse de toutes les tentations de régression, de division ou de désespoir. Elle lui donne accès à l'éternité.

**Texte à méditer :** Jean 15, 1-17.

Garde-nous, Dieu Trinité, dans la communion de ta vérité et protège-nous de toute division.

*cinquième jour*

# LA FORCE DE L'AMOUR

*« "Aimez-vous les uns les autres, en reconnaissant au fond de chacun de vous le même Dieu naissant." Cette parole, prononcée d'abord il y a deux mille ans, tend à se découvrir aujourd'hui comme la loi structurelle essentielle de ce que nous appelons Progrès et Évolution. Elle entre dans le domaine scientifique des énergies cosmiques et des lois nécessaires.*

*Aimer Dieu et le prochain n'est donc pas seulement un acte de vénération ou de miséricorde superposé à nos autres préoccupations individuelles. C'est la Vie elle-même, la Vie dans l'intégrité de ses aspirations, de ses luttes et de ses conquêtes, qu'il s'agit pour le Chrétien s'il veut être chrétien, d'embrasser dans un esprit de rapprochement et d'unification personnalisante avec tout le reste »* (V, 100).

Dans la spiritualité teilhardienne l'Amour occupe une place importante, parce qu'il est l'énergie fondamentale, manifestation de Dieu dans la création. Il guide l'évolution du Monde tout en étant inscrit au plus profond des êtres et des projets humains, appel constant à l'union et l'accomplissement.

La mystique de l'Union ne trouve sa raison d'être que dans l'Amour et par l'Amour. Le paradoxe est qu'a aucun moment Teilhard ne développe théologiquement le thème. Il n'en fait jamais non plus l'objet d'une étude spécifique. Il le situe par contre à des moments-clés : dans son premier ouvrage, *Le Phénomène humain* (I, 293), dans la partie essentielle du *Milieu divin* (l'intensification du Milieu divin par la Charité : IV, 181) et dans *L'Énergie humaine* (VI, 180).

Teilhard a inscrit en exergue du *Milieu divin* ces deux phrases : *« Sic Deus dilexit Mundum » (Dieu a tant aimé le Monde)*, référence à Jean 3, 16 et : *« Pour ceux qui aiment le Monde... »* Écho, là encore, de la finale des *Exercices* de saint Ignace « Ad Amorem » : « L'Amour doit se mettre dans les actes plus que dans les paroles... L'Amour consiste dans une communication mutuelle de l'Amant à l'Aimé. »

Il est certain que l'expérience de l'union entre l'homme et Dieu autant que sa participation à la réalisation du monde dépendent de sa capacité d'aimer. Comment éviter le risque d'une survalorisation de l'activité et d'une idolâtrie de l'effort sinon en prenant conscience de toutes les composantes de l'Amour ? Teilhard rappelle que *« l'Amour est la plus universelle, la plus formidable et la plus mystérieuse des énergies cosmiques... Socialement, on feint de l'ignorer dans la science, dans les affaires, dans les assemblées, alors que subrepticement, il est partout »* (VI, 40).

Pour lui l'Amour est d'autant plus un principe unificateur qu'il permet précisément d'intégrer en même temps le progrès et la rupture, la vie et la mort. Il est la réalité centrale, manifestation totale de Dieu et force d'organisation du monde. Teilhard pose l'Amour comme principe de tout vrai savoir synthétique, parce qu'il est identiquement le principe de la genèse de l'Univers : *« L'Amour a été toujours soigneusement écarté des constructions réalistes et positivistes du monde. Il faudra bien qu'on se décide un jour à reconnaître en lui l'énergie fondamentale de la vie ou, si l'on préfère, le seul milieu naturel en quoi puisse se prolonger le mouvement ascendant de l'Évolution »* (V, 75).

Mais cet Amour n'est pas une force anonyme. Il s'agit de Dieu. Dans *Le Phénomène humain*, l'Amour, propriété générale de toute vie, est la manifestation actuelle et constante d'Omega sur le monde. L'Amour est une réalité personnelle. C'est le Christ, foyer d'unification de la Terre par une action pérenne de communion et de sublimation. De cette première et ultime réalité vont découler toutes les valeurs qui s'expriment progressivement au long de l'évolution de l'humanité.

Dans *L'Énergie humaine*, Teilhard développe davantage cette conviction. L'Amour est Principe totalisateur de l'Énergie humaine. Il y a totalisation par l'Amour, des actes individuels, de l'individu sur lui-même, des individus dans l'Humanité. Cette totalisation est produite par le Christ, révélateur total du Dieu commencement et fin, Alpha et Omega :

*« Qu'il vive ou qu'il meure, par sa vie et par sa*

*mort, le chrétien consomme en quelque façon son Dieu en même temps qu'il est dominé par lui... Le message essentiel du Christ tient tout entier dans l'annonce d'une "Paternité divine"... Bien des fois déjà le tâtonnement religieux humain avait approché cette idée que Dieu Esprit ne pouvait s'atteindre que par l'Esprit. Mais c'est dans le Christianisme seulement que le mouvement atteint son expression et sa consistance définitives... Dieu Amour ne s'atteignant finalement que dans l'Amour : voilà la révolution psychologique et le secret de l'essor chrétien* » (VI, 193).

Le thème de l'Amour éternel et unificateur apparaît en arrière-fond avec force dès les premiers écrits du temps de guerre, particulièrement dans *L'Éternel féminin*, transposition symbolique du livre biblique de la Sagesse : « *Je suis apparue dès l'origine du monde. Dès avant les siècles je suis sortie des mains de Dieu... Tout dans l'Univers se fait par union et fécondation, par rassemblement des éléments qui se cherchent et se fécondent deux à deux et renaissent dans une troisième chose... Je suis l'essentiel féminin* » (XII, 281). Il s'agit ici non seulement de la femme mais de Marie et de l'Église.

Le rapport Homme-Femme est essentiel dans l'Évolution et représente l'expression la plus forte de l'Amour : « *Vers l'Homme à travers la Femme c'est en réalité l'Univers qui s'avance. Toute la question c'est qu'ils se reconnaissent... Que l'homme aperçoive la Réalité universelle qui brille à travers la chair, il découvrira la raison alors de ce qui pervertissait et décevait son pouvoir d'aimer... Par l'Amour se dessine et s'éprouve l'attraction du Centre vers qui tout converge»* (VI, 41). Dans plusieurs homélies de mariage Teilhard reviendra sur le rapport entre la présence de Dieu et la signification vitale de l'union dans l'Amour entre l'Homme et la Femme. Citons quelques lignes du texte le plus significatif :

*« Si vous voulez, tous les deux, correspondre à l'appel (à la grâce) que la Vie animée par Dieu vous fait aujourd'hui... croyez à l'intangible appui.*

*Croyez en l'Esprit, en arrière de vous, à la longue suite d'unions pareilles à la vôtre... Souvenez-vous que vous en portez, devant Dieu et devant l'Univers, la responsabilité.*

*Croyez, par suite, à l'Esprit en avant de vous. La création ne s'arrête jamais... Que votre union donc ne soit pas un embrassement fermé. Mais qu'elle se réalise dans le geste... de l'effort vers un même but, toujours plus grand, passionnément aimé.*

*Croyez, dès lors, à l'Esprit entre vous... C'est dans un échange constant de pensées, d'affection, de rêves, de prières, que vous vous rencontrerez surtout. Là seulement, vous le savez, dans l'Esprit à travers la chair, n'existent ni satiété, ni déception, ni limites. Là seulement pour votre Amour est l'air libre, la grande issue... »* (XIII, 159).

L'Amour tient l'Univers en cohérence et assure l'équilibre de chaque vivant autant que la croissance intérieure et la conscience mystique des croyants. En ce sens, il est nécessaire et devient source d'inévitables exigences : *« Impossible d'aimer le Christ sans aimer les autres... et impossible d'aimer les autres sans se rapprocher du Christ par le même mouvement. Cette conjonction inévitable s'est toujours traduite dans la vie intérieure des Saints par un débordement d'amour pour tout ce qui, dans les créatures, porte en soi un germe de vie éternelle.»*

Plusieurs textes insistent sur la nécessité de l'Amour de l'autre, dans la logique de l'union à Dieu : *«Mon Dieu, je vous l'avoue, j'ai bien longtemps été, et je suis encore, hélas, réfractaire à l'Amour du prochain... Mon Dieu, faites pour moi, dans la vie de l'autre, briller votre visage... Jésus... Jésus, Sauveur de l'activité humaine, à laquelle vous apportez une raison d'agir, Sauveur de la peine humaine à laquelle vous apportez une valeur de vie, soyez le salut de l'unité humaine en nous forçant à abandonner nos petitesses, et à nous aventurer, appuyés contre vous, sur l'océan inconnu de la charité»* (IV, 184).

La mystique de Teilhard est entièrement marquée par une fidélité à l'appel intérieur de l'Amour qui n'est autre que la trace mystérieuse et ineffaçable de Dieu. Il vivra le premier ce qu'il écrit dans *Le Phénomène spirituel* (VI, 115), pour les *«mouvants du dehors»* : *«En vérité chacun de nous est appelé à répondre d'une harmonique pure et incommunicable à la note universelle. Par le progrès en nos cœurs de l'Amour du Tout, nous sentirons s'étendre l'exubérante simplicité d'un élan où se mêlent les nuances de la passion et de l'action et où nous approcherons de la plénitude de notre personnalité.»*

**Texte à méditer :** 1 Corinthiens 13.

Seigneur, Jésus, que ton message et ton exemple d'Amour soient l'horizon de l'Église et de notre vie.

# PROGRÈS ET DÉTACHEMENT

*« Je me suis remis à songer à un sujet qui pour moi a toujours été le problème de ma vie intérieure... la conciliation du progrès et du détachement, de l'Amour passionné et légitime de la plus grande Terre et de la recherche unique du Royaume des cieux. Comment être aussi chrétien que pas un tout en étant homme plus que personne... »* (HDL, 348). *« Plus j'avance dans la vie, plus je sens que le vrai repos consiste à "se renoncer" à soi-même, c'est à dire à admettre résolument que cela n'a aucune importance d'être "heureux" ou "malheureux" (au sens courant de ces mots). Réussite ou satisfaction personnelle ne méritent pas qu'on s'y arrête si on les a, ni qu'on se trouble si elles échappent ou tardent. Seule vaut l'action fidèle pour le Monde en Dieu »* (LDV, 126).

La vie spirituelle est dialectique et croisement constants du développement et de l'intériorité, de l'en-avant et de l'au-dedans. Je songe ici à l'étonnant rapport que fait Paul entre la force et la faiblesse (2 Co 15, 10) ou entre la gloire du Christ et son abaissement (Ph 2, 6-11). Pour le passionné de recherche et d'avenir qu'est Teilhard à l'instant même où il se veut à la fois fidèle à l'Évangile et obéissant à la tradition ignatienne, quel combat intérieur porteur cependant de tant de fruits !

De fait, il est difficile d'omettre, ayant parlé de la Mystique de l'Union ou de la Force de l'Amour chez Teilhard, un aspect insuffisamment connu et souvent mal compris malgré de nombreux textes : la place du renoncement et de la souffrance dans sa vie. L'attitude d'« indifférence », au sens ignatien du terme. En ce sens, le chrétien est à la fois le plus *« attaché et le plus détaché des humains »* :

*« Créer ou organiser l'énergie matérielle enlève le confort où gisent l'égoïsme et l'attachement. Peu à peu l'ouvrier de la terre ne s'appartient plus... L'effort humain est une collaboration tremblante d'Amour que nous prêtons aux mains divines ; il est achèvement et embellissement personnel mais un don commencé ; il est attachement aux créatures mais complet détachement. Quelque chose domine : élan vers le ciel, extase laborieuse et douloureuse à travers la matière ; progrès personnel et renoncement en Dieu. »*

A la base de ces convictions, l'expérience « mystique » de la grande guerre, sorte de creuset de souffrance et de contemplation où furent vécus en même temps dépouillement total et prière, épreuve et confiance, appréhension du « Tout » et de l'Universel à travers le « Rien ».

Cette phase de sa vie laissera en lui des traces profondes, le conduisant progressivement à une transformation de tout son être et « animant comme un fil conducteur ses recherches scientifiques et anthropologiques jusqu'à la mort ».

C'est dans *Le Milieu divin*, cet *Essai de vie intérieure*, que Teilhard synthétise au mieux sa pensée sur ce plan.

L'Homme est tout à la fois et en même temps agissant et dominé. La partie enfouie de l'iceberg, de loin la plus importante, détermine notre existence. La phase secrète du corps à corps avec l'ange (référence à Gn 33, 25) peut se conclure par un abandon confiant à Dieu ou par la révolte ou le tragique constat d'impuissance. Ces forces enfouies et mystérieuses qui traversent et influencent l'océan nocturne de notre personnalité sont appelées les « passivités » et Teilhard précise :

« *D'un côté les forces amies et favorables qui soutiennent notre effort et nous dirigent vers le succès : ce sont les "passivités de croissance", de l'autre, les puissances ennemies, qui interfèrent péniblement avec nos tendances, alourdissent ou détournent notre marche vers le plus-être, réduisent nos capacités réelles ou apparentes de développement : ce sont les "passivités de diminution"* » (IV, 74).

La première chose qui est subie, avant même la souffrance et la mort, n'est-ce pas la vie ? Encore faut-il le percevoir et pénétrer au fond de soi, à l'endroit d'où surgit notre croissance :

« *J'ai pris la lampe et, quittant la zone, claire en apparence, de mes occupations et de mes relations journalières, je suis descendu au plus intime de moi-même, dans l'abîme profond d'où je sens confusément qu'émane mon pouvoir d'action. Or à mesure que je m'éloignais des évidences conventionnelles dont est superficiellement illuminée la vie sociale, je me suis rendu compte que je m'échappais à moi-même. A chaque marche descendue, un autre personnage se découvrait en moi, dont je ne pouvais plus dire le nom exact, et qui ne m'obéissait plus. Et quand j'ai dû arrêter mon exploration, parce que le chemin manquait sous mes pas, il y avait à mes pieds un abîme sans fond d'où sortait, venant je ne sais d'où, le flot que j'ose bien appeler ma vie»* (IV, 75).

Les passivités de croissance sont identifiées avec la présence divine au plus secret du cœur et de l'intelligence humaine. Dieu poursuit sa création comme à travers le feu.

*«Adhérer à Dieu caché sous les puissances internes et externes qui animent notre être et le supportent dans son développement, c'est finalement s'ouvrir et se fier à tous les souffles de vie»* (IV, 81).

Mais il y a aussi des passivités de diminution dont le nombre est immense et qui sont les véritables passivités, celles qui s'identifient à la mort et entravent la liberté. Elles sont de deux sortes : les diminutions externes et les diminutions internes.

Les diminutions externes, comme le nom l'indique, sont les obstacles qui surgissent face à nous et de partout : la barrière qui stoppe l'élan, le microbe ou le virus qui détruit peu à peu, l'incident, l'accident. Ces événements sont souvent inattendus et contribuent à faire peser l'angoisse sur toute vie. Les diminutions internes forment, dit Teilhard, le *« résidu le plus noir et le plus désespérément inutilisable de nos années »*. Ce sont les processus de désorganisation, les grandes failles psychologiques, les dégradations morales, les altérations auxquelles nul n'échappe, comme l'âge ou la vieillesse. Ces passivités culminent dans la mort, mal par excellence.

Pourtant, la Résurrection du Christ est à l'œuvre au travers de tous les obstacles externes et internes et « *les déchets de notre existence peuvent être intégrés dans l'établissement, autour de nous, du règne et du milieu divins* ».

La vie spirituelle devient ainsi pour Teilhard lieu de véritable réalisation. D'abord parce qu'elle assume la réalité d'un monde en voie d'achèvement : « *Sur un arbre qui a eu à lutter contre les accidents intérieurs de son développement et les accidents extérieurs des intempéries, les branches brisées, les feuilles lacérées, les fleurs sèches malingres ou fanées sont "à leur place" : elles traduisent les conditions plus ou moins difficiles de croissance rencontrées par le tronc qui les porte* » (VI, 63).

Mais aussi la vie spirituelle est prise en charge consciente et dynamique des transformations et des seuils qui constituent la liberté humaine. Teilhard rassemble bien son point de vue dans une lettre adressée à Auguste Valensin : « *J'admets fondamentalement que l'achèvement du monde ne se consomme qu'à travers une mort, une "nuit", un retournement, une excentration et une quasi dépersonnalisation... L'union au Christ suppose essentiellement que nous reportions en lui le centre ultime de notre existence, ce qui signifie le sacrifice radical de l'égoïsme... Cependant, il faut absolument pour que le Christ prenne toute ma vie — toute la vie — que je croisse en Lui non seulement par les restrictions ascétiques et les arrachements suprêmement unifiants de la souffrance mais encore par tout ce que mon existence comporte d'effort positif, de perfectionnement naturel. La formule du Renoncement, pour être totale, doit satisfaire à cette double condition : — nous faire dépasser tout ce qu'il y a dans le monde — et cependant nous assujettir en même temps à pousser (avec conviction et passion) le développement de ce même Monde»* (IV, 100).

La souffrance, l'épreuve physique ou morale sous leurs différentes formes inscrivent dans nos existences ce terrible combat entre les forces d'accomplissement et celles de diminution. Cependant jamais la main de Dieu n'est lâchée. Il est bien le rocher, présent dans l'invisible ou au cœur des tumultes et des dislocations :

«*La fleur que je tenais s'est fanée dans mes mains, un mur s'est dressé devant moi au tournant de l'allée... une flamme a consumé la feuille qui portait ma pensée... L'épreuve est venue... et je n'ai pas été définitivement triste... pourquoi donc Seigneur? Parce que, dans cette faillite des supports immédiats que je risquais de donner à ma vie, j'ai expérimenté, d'une manière unique, que je ne reposais plus que sur votre consistance...*» (XII, 167).

Cette consistance est de plus en plus perçue au fur et à mesure que l'âge avance et que faiblissent nos forces ou s'altère notre apparente liberté. Ici le renoncement s'impose de l'extérieur et le progrès s'identifie à l'acte d'union à Dieu :

«*Lorsque sur mon corps (et bien plus sur mon esprit) commencera à marquer l'usure de l'âge; quand fondra sur moi du dehors ou naîtra en moi du dedans le mal qui amoindrit ou qui emporte; à la minute douloureuse où je prendrai tout à coup conscience que je suis malade, ou que je deviens vieux ; à ce moment dernier, surtout, où je sentirai que je m'échappe à moi-même, absolument passif aux mains des grandes forces inconnues qui m'ont formé ; à toutes ces heures sombres, donnez-moi mon Dieu de comprendre que c'est Vous... qui écartez douloureusement les fibres de mon être pour pénétrer jusqu'aux moëlles de ma substance, pour m'emporter en Vous* » (IV, 95).

Progrès et détachement sont un au sommet de la vie mystique.

**Texte à méditer :** 2 Corinthiens 12, 1-10.

Esprit Saint, éclaire-nous pour que nous discernions la force de Dieu dans notre faiblesse.

# L'ACTION RÉVÉLATRICE

*« Tout à l'heure, parce que nous croyions, c'était l'Univers qui s'était mis à nous transmettre... l'action de Jésus. Maintenant, parce que notre volonté est droite, c'est nous à notre tour qui contribuons à donner à Jésus son intégrité par toute notre action... Concilier sainement l'agir et le pâtir est la grande difficulté de toute vie intérieure »* (XII, 375). *« Oh ! vienne le temps où les Hommes, éveillés au sens de l'étroite liaison qui associe tous les mouvements de ce Monde dans l'unique travail de l'Incarnation, ne pourront se livrer à aucune de leurs tâches sans l'illuminer de cette vue distincte que leur travail, si élémentaire soit-il, est reçu et utilisé par un Centre divin de l'Univers ! A ce moment-là, vraiment, peu de chose séparera la vie des cloîtres de la vie du siècle... »* (IV, 58).

Il n'y a dans la spiritualité de Teilhard aucun véritable risque de dualisme en raison de l'accomplissement de l'attitude intérieure dans l'action. L'action ne s'ajoute ni ne succède à la conviction, elle ne s'oppose pas à elle mais en est le vêtement, l'image. L'action est adhésion, et adhésion à Dieu : *« Dans l'action d'abord, j'adhère à la puissance créatrice de Dieu ; je coïncide avec elle ; j'en deviens, non seulement l'instrument, mais le prolongement vivant »* (IV, 51).

Le vocabulaire fait alterner les termes : effort, action, progrès, création. Mais cela en vue d'établir une civilisation aux dimensions de la terre et sans donner l'impression de sous-estimer l'œuvre humaine collective qui mobilise les hommes de notre temps. Déjà en 1916 Teilhard écrit dans *La Vie cosmique* (XII, 22) : *« Faut-il pour être uni au Christ se désintéresser de la marche propre à ce cosmos ? »* ou encore : *« Quel sera donc enfin le chrétien idéal, le chrétien à la fois nouveau et ancien, qui résoudra en son âme le problème de l'équilibre vital en faisant passer toute la sève du monde dans son effort vers la divine Trinité ? »* Car le travail est alors situé dans une perspective théologique et l'activité humaine peut devenir lieu de dévoilement et de révélation du vrai visage de Dieu.

Dans la *Note pour servir à l'évangélisation des temps nouveaux* Teilhard estime *« que c'est pour un chrétien une vocation sainte, sacerdotale, essentielle à l'Église, de se mêler par passion pour le Christ et pour achever le Christ aux travailleurs de la Terre »* (XII, 408). L'effort et l'action, malgré la difficulté qui les accompagne, situent l'existence dans le prolongement et dans la perspective de la création : *« La volonté première de Dieu*, écrit-il dans "*Mon Univers*", *se traduit par l'élan de la vie en nous... Dans l'univers, tout mouvement de croissance matérielle est finalement pour l'esprit et tout mouvement de croissance spirituelle est finalement pour le Christ... Le chrétien doit vénérer et promouvoir l'effort humain* (IX, 95)... *Il faut que nous prêchions et que nous pratiquions ce que j'appelerais "l'Évangile de l'effort humain".* »

C'est, bien sûr, dans *Le Milieu divin* que Teilhard rassemble le plus fortement sa pensée. Là encore, l'appui est rigoureusement théologique. Teilhard faisant référence à saint Paul énonce une sorte d'axiome principiel : « *Rien n'est plus certain, dogmatiquement, que la sanctification possible de l'action humaine* » (IV, 32) et cela, en raison même de ce qui constitue l'impératif central du christianisme : l'imitation du Christ, en qui Parole et acte sont les composantes indissociables du témoignage. On sait quelle est pour Teilhard l'importance que revêt l'Incarnation et, dans la perspective johannique qui est la sienne, comment ne pas songer au chapitre 13 et au récit du lavement des pieds : « Ce que j'ai fait pour vous, faites-le vous aussi » (Jn 13, 15). Ici la référence implicite à Jean rejoint le grand texte de Paul aux Colossiens qui sous-tend toute l'argumentation de Teilhard : « Revêtez l'Amour, c'est le lien parfait... Tout ce que vous pouvez dire ou faire, faites-le au nom du Seigneur Jésus, en rendant grâce par lui à Dieu le Père » (Col 3, 14.17).

Pourtant, constate Teilhard, le fait, pour aussi incontestable qu'il soit du point de vue de l'intuition spirituelle, pose un problème, celui du décalage entre la réalité abrupte et souvent douloureuse du champ existentiel et l'interprétation eschatologique qu'en donne la foi. Une première solution se révèle incomplète : l'action humaine n'a de valeur que par l'intention qui l'habite : « *Vous voulez... revaloriser votre travail humain que les perspectives et l'ascétique chrétiennes vous paraissent déprécier. Eh bien, coulez-y la substance merveilleuse de la bonne volonté. Purifiez votre intention et la moindre de vos actions se trouvera remplie de Dieu* » (IV, 37). La solution décisive consiste à considérer que tout effort coopère à l'achèvement du monde dans le Christ : « *Par notre collaboration qu'il suscite, le Christ... atteint sa plénitude, à partir de toute créature... Nous nous imaginons peut-être que la Création est depuis longtemps finie. Erreur, elle se poursuit de plus belle et dans les zones les plus élevées du monde... Et c'est à l'achever que nous servons, même par le travail le plus humble de nos mains. En vertu de l'interliaison Matière / Ame / Christ, quoi que nous fassions, nous ramenons à Dieu une parcelle de l'être qu'il désire* » (IV, 50).

L'action permet donc au chrétien d'atteindre un Dieu qui l'appelle et l'attire mais dont l'attrait ne trouble et n'étouffe rien. Il suranime, introduisant « *dans notre vie spirituelle un principe supérieur d'unité, dont l'effet spécifique est, suivant le point de vue qu'on adopte, de sanctifier l'effort humain et d'humaniser la vie chrétienne* » (IV, 54).

Revenons plus longuement, dans la logique même de la pensée de Teilhard à propos de l'Action et de l'effort humain, sur sa perspective du Bonheur. La *Réflexion sur le Bonheur* (XI, 121) se présente, dans un langage accessible aux noncroyants, comme une véritable propédeutique à la vie spirituelle dans la dynamique propre d'une existence animée par le souffle créateur de Dieu. Il en résulte ce que l'on pourrait appeler trois options et trois temps de personnalisation.

Les trois options correspondent à trois types d'homme :

— Les fatigués (ou pessimistes) : « *Pour cette première catégorie d'hommes, l'existence est une erreur ou un raté. Nous sommes mal engagés, et par conséquent il s'agit le plus habilement possible de quitter le jeu.* » La foi chrétienne vécue dans cette perspective ne peut conduire qu'à l'évasion ou à la démission. Le bon grain tombe ici, de toute évidence, sur le roc (Mc 4, 1-20).

— Les bons vivants (ou jouisseurs) : « *Être, vivre, pour les disciples de cette école, ce n'est pas agir mais se remplir de l'instant présent... mais pour et sur l'avenir on ne risque rien.* » La foi est ici étouffée par l'environnement et n'interroge plus en profondeur. Le bon grain n'atteint même pas la terre.

— Enfin viennent les ardents : « *Ceux-là pour qui vivre est une ascension, une découverte. On peut plaisanter ces hommes, les traiter de naïfs ou les trouver gênants. Mais en attendant ce sont eux qui nous ont faits, et c'est d'eux que s'apprête à sortir la Terre de demain.* » La Foi ici est vive et active, elle forme avec l'Espérance et l'Amour un ensemble crédible en vue de la Grande Option que doit faire notre temps. Le bon grain a touché la terre et s'y est enfoui, pour mourir certes, et donc pour porter un fruit qui demeure.

Les ardents marchent vers la cime mais comment l'atteindre ? Teilhard propose trois temps : « *Trois phases, trois pas, trois mouvements successifs dans le processus de notre unification intérieure, c'est-à-dire de notre personnalisation... A ces trois mouvements doivent nécessairement correspondre trois formes de béatification.* »

Pour être pleinement soi et vivant, l'homme doit :

— Se centrer sur soi : « *Pour être pleinement nous-mêmes nous devons travailler toute notre vie durant à nous organiser, à porter toujours plus d'ordre, plus d'unité dans nos idées, nos sentiments, notre conduite. Être c'est d'abord se faire et se trouver.* »

— Se décentrer sur l'Autre : « *Il n'y a pas qu'un seul Homme sur la Terre... Nous ne pouvons progresser jusqu'au bout de nous-mêmes qu'en sortant de nous-mêmes... De là les urgences, de là le sens profond de l'Amour... dont la fonction et le charme essentiel sont de nous compléter.* »

— Se surcentrer sur l'Absolu : « *Non plus seulement se développer soi-même, ni même seulement se donner à un égal à soi mais encore soumettre et ramener sa vie à un plus grand que soi. Autrement dit, être d'abord. Aimer ensuite. Et, finalement, adorer.* »

L'action ainsi conçue, dans une attitude à la fois d'humanité et d'intériorité, est révélatrice de Dieu.

**Texte à méditer :** Jean 13, 1-20.

C'est par nos actes et notre conviction que nous manifesterons, Dieu de bonté, ta présence au Monde.

# LE SENS SPIRITUEL DE LA RECHERCHE

*« La Recherche est la forme sous laquelle se dissimule et opère le plus intensément, dans la Nature autour de nous, le pouvoir créateur de Dieu. A travers notre recherche, de l'être nouveau, un surcroît de conscience, émerge dans le Monde.*

*Pas de foi chrétienne réellement vive si celle-ci n'atteint et ne soulève pas, dans son mouvement ascensionnel, la totalité du dynamisme spirituel humain... Le Règne du Christ, auquel nous nous sommes voués, ne saurait s'établir, dans la lutte ou dans la paix, que sur une Terre portée, par toutes les voies de la Technique et de la Pensée, à l'extrême de son humanisation. C'est par le jeu de notre raison et de notre bon sens que nous reconnaissons et rencontrons la volonté de Dieu... »* (IX, 259).

Teilhard croyait à la recherche, du fond même de sa conscience jésuite. Dans son rapport *Sur la valeur religieuse de la recherche* présenté par lui en

1947 au cours d'une semaine d'études organisée à Versailles par la Compagnie, il propose une réponse à la question : *« Pourquoi est-il si important pour nous autres, jésuites, de participer à la recherche humaine jusqu'à la pénétrer et l'imprégner de notre foi et de notre Amour du Christ ? »* (IX, 359).

Nous retrouvons ici la double et indissociable exigence de l'« En-Haut » et de l'« En-avant ». La foi des chrétiens ne peut interpeller le monde contemporain que si elle n'oppose pas les deux composantes d'une « mystique humano-chrétienne » complète. L'Adoration de Dieu ne peut entraîner le soupçon du monde. La recherche du Royaume ne peut être mise en conflit avec la recherche des énergies de la création. La prière n'exclut pas la connaissance même si elle la transcende infiniment.

*« Il est vain... il est injuste d'opposer la Science et le Christ ou de les séparer comme deux domaines étrangers l'un à l'autre. La Science, seule, ne peut découvrir le Christ, mais le Christ comble les vœux qui naissent dans notre cœur à l'école de la Science »* (IX, 62).

C'est précisément en raison de l'articulation, voire de l'unité nécessaire entre les différents éléments, entre les perspectives complémentaires de la recherche, que Teilhard s'oppose à la séparation stérilisante des niveaux ou des points de vue. Au départ sa pensée est pluridisciplinaire. Là se trouvent sa richesse et sa difficulté tout à la fois. Mais c'est bien par sa perspicacité à confronter et à relier, dans une même quête du sens, les grandes interprétations expérimentales et symboliques du monde qu'il a fait œuvre de novateur.

On peut vraiment parler d'un grand projet de réconciliation entre la science et la foi, entre l'Église et le monde moderne : « *Oui je voudrais réconcilier avec Dieu ce qu'il y a de bon dans le monde moderne : ses intuitions scientifiques, ses appétits sociaux, sa critique légitime.* » Et Teilhard s'attaque au problème à partir de sa compétence propre de savant. On peut résolument croire en Dieu et au monde dans le même mouvement. Adorer « Celui qui vient » avec autant de conviction que l'on fait confiance à la Science pour nous aider à déchiffrer la complexité du monde en devenir.

Déjà, en 1933, il s'inquiète : « *L'idée s'est répandue... que les Religions expriment un état primitif et dépassé de l'Humanité. La Science, en découvrant l'explication expérimentale de ces mêmes phénomènes, a rendu inutiles Dieu et les Religions. Voilà le nouveau Credo de beaucoup de nos contemporains. Il importe grandement de réagir contre cette manière étroite de comprendre la naissance et l'histoire de l'idée de Dieu dans le monde* » (IX, 131).

Dans l'univers de type convergent révélé par la science, le Christ trouve la plénitude de son action créatrice. La conscience religieuse, pour ne pas dire l'expérience mystique, n'est en rien empêchée par les observations et les conclusions de la science. S'il y a des remises en cause réciproques, elles se font dans le respect des ordres et des finalités : expérimentale pour la science, symbolique pour la religion, encore que le dialogue ouvert entre les deux permette une extension de leurs domaines propres. En ce sens la science traverse de plus en plus le champ symbolique, et le point de vue de la religion ou de la foi s'étend à la réalité globale de l'univers.

Les deux démarches ne s'excluent pas et doivent se rejoindre, non seulement sur le terrain objectif de la recherche mais à l'intérieur de chaque homme qui s'interroge sur sa propre vie et sur la destinée universelle.

On doit être scientifique et croyant en une même attitude de foi, synthèse de l'expérience et de l'adhésion, de la technique et de l'Amour. Teilhard se méfie de la « schizophrénie » culturelle et spirituelle qui nous guette lorsque nous voulons établir des séparations et des barrières infranchissables entre les divers registres de notre existence.

« *"Faites de la Science paisiblement sans vous mêler de philosophie ni de théologie..." tel est le conseil (et l'avertisssement) que l'autorité m'aura répété, toute ma vie durant. Telle est encore, j'imagine, la direction donnée aux nombreux et brillants poulains lancés aujourd'hui, très opportunément, dans le champ de la Recherche. Mais telle est aussi l'attitude dont, respectueusement — et cependant avec l'assurance que me donnent cinquante ans de vie passée au cœur du problème — je voudrais faire remarquer, à qui de droit, qu'elle est psychologiquement invivable, et directement contraire, du reste, à la plus grande gloire de Dieu* » (IX, 283).

Ces lignes introduisent les dernières pages envoyées par Teilhard avant sa mort et qui s'intitulent de façon significative : *Recherche, Travail et Adoration*. Dans ce document qui résume parfaitement le combat de toute sa vie, Teilhard envisage trois aspects.

Le premier aspect c'est le constat que, parallèlement au progrès de la recherche scientifique, s'est développé en l'humanité un désir de mieux vivre et de « plus-être ». Esprit scientifique et foi en l'« En Avant » s'accordent : *« Aucun chercheur digne de ce nom ne travaille plus (ne peut plus travailler) que soutenu par l'idée de pousser plus loin, et jusqu'au bout, le Monde autour de lui. Autrement dit, et virtuellement au moins, tout chercheur est devenu aujourd'hui par exigence fonctionnelle un "croyant en l'En-Avant", un voué à l'"ultra-humain". »*

Le deuxième aspect est une conséquence. Ne pas considérer la science comme un surcroît ou un accessoire au Règne de Dieu mais accepter de repenser sa vision religieuse en observant que la découverte du monde en évolution n'atténue pas l'esprit chrétien mais le renforce *« jusqu'à la plus haute expression de lui-même »*.

Le troisième aspect est un dispositif pratique. Teilhard demande qu'il y ait pour les chercheurs et futurs chercheurs une formation religieuse spécialisée. Cela entraîne nécessairement un réapprofondissement de la notion même de perfection chrétienne dès lors qu'on la transpose dans le nouveau monde des laboratoires et des usines où *« la vieille opposition Terre-Ciel disparaît (ou se corrige) dans la formule nouvelle : "Au ciel par l'achèvement de la Terre". »*

Toute la crise religieuse moderne est née du conflit apparent entre la mystique néo-humaniste d'un « En-Avant » et la mystique chrétienne de l'« En-Haut ». Le projet du christianisme est de réconcilier, non pas en surface mais organiquement, ces deux courants l'un avec l'autre. On peut craindre la difficulté et les paradoxes de cette tâche, mais d'elle seule dépend la crédibilité de l'Église dans le monde moderne.

*« Je vais essayer de vous faire aimer chrétiennement la Science en établissant les deux propositions suivantes : — l'étude scientifique du monde... essentiellement analytique, nous fait d'abord marcher en sens inverse des réalités divines. — Mais d'autre part... en nous révélant la structure synthétique du Monde »* elle *« nous rejette, par son prolongement naturel, vers le centre unique des Choses lequel est Dieu notre Seigneur »* (IX, 47).

La recherche inclut pour Teilhard le vaste domaine de la morale. Il considère l'exigence morale, sous les multiples formes qu'elle doit prendre, comme le moyen d'achèvement et de « plus-être » de l'homme. Dans l'histoire de l'évolution, pensée, recherche et éthique sont indissociables : *« Il est impossible de pousser concrètement au-delà d'un certain degré les progrès de la Science humaine sans que, automatiquement, ce pouvoir d'arrangement réfléchi ne se charge d'obligations internes... en même temps qu'il engendre une atmosphère toute nouvelle d'exigences spirituelles »* (V, 262).

Teilhard plaide, en raison de la non-opposition entre l'Évangile et la Science, pour une *« morale de mouvement »* rendant compte à la fois de l'attrait constant du Christ et des tâtonnantes recherches de l'humanité. Toutes les dimensions classiques de la morale (d'équilibre, de l'argent, de l'Amour, de l'individu, du social) sont maintenues mais retournées dans un sens dynamique pour rendre compte de la vie jaillissante et de l'énergie créatrice qui traversent les êtres et l'Humanité.

*« Le Monde se construit finalement par des puissances morales et la Morale réciproquement a pour fonction de construire le Monde. Toute une appréciation nouvelle, conduisant à un programme renouvelé de la Moralité »* (VI, 131).

Le sens spirituel de la recherche vient de ce qu'elle manifeste dans ses perspectives expérimentales autant que dans ses dimensions morales, l'inscription et la trace du Dieu d'Amour dans le Monde.

**Texte à méditer :** Matthieu 25, 14-30.

Jésus, fais qu'avec ton aide, nous soyons, sans peur du progrès, des hommes et des femmes d'avenir.

# LA PUISSANCE SPIRITUELLE DE LA MATIÈRE

« *Finalement je me suis mis à rédiger quelque chose — style semi-poétique — forme allégorique. L'allégorie c'est l'histoire d'Elie : "Pendant qu'ils marchaient ensemble, un char et des chevaux de feu les séparèrent, et Elie fut enlevé par le tourbillon au ciel..." Le tourbillon, tu l'as compris, c'est la Matière qui entraîne et libère ceux qui savent en saisir la puissance spirituelle* » (GDP, 390).

Notre but en cette neuvième journée — comme nous le ferons pour *La Messe sur le Monde* — est de nous permettre de méditer exclusivement sur le texte même de Teilhard en raison de son unité et de sa beauté.

Nous procéderons ainsi : d'abord quelques brefs repères sur la signification de la Matière chez Teilhard puis un extrait du texte biblique qui a inspiré son hymne, enfin l'écrit lui-même.

La Matière ne peut s'approcher qu'en tenant compte de l'Union créatrice « *qui établit une relation directe entre la spiritualité de l'âme et la complexité du corps et découvre par le fait même une relation précise entre la Qualité et la Quantité. Pas d'unité spirituelle sans le principe d'une puissance d'unifier...* » (XII, 202).

Il n'y a point identité entre Esprit et Matière mais point d'opposition non plus. La Matière, dans le souffle créateur de Dieu, est le lieu paradoxal d'une fragilité due à sa multiplicité et d'une illumination due à sa finalité spirituelle. Ambiguïté et puissance, obscurité et lumière caractérisent cette réalité fondamentale qui ne peut être comprise que dans un mouvement alliant l'ascendance et l'intériorisation. Comme la chair du Christ en laquelle le Verbe éternel s'est inscrit. La Matière est support de la Révélation de Dieu et de la Contemplation.

L'Hymne à la Matière constitue la fin du texte intitulé *La puissance spirituelle de la matière*. L'ensemble est une méditation lyrique et symbolique à partir du texte du second livre des Rois. Le prophète Elie, tout en mettant son disciple Elisée à l'épreuve de son départ, lui fait comprendre que le véritable signe prophétique est la vision. Ce qui est caché aux hommes est révélé au prophète qui voit au travers des événements la présence et l'action de Dieu : « *Plus je pèserai sur toute la surface du Réel, plus aussi j'atteindrai le Christ et me serrerai contre lui. Dieu, l'Être éternel en soi, est partout, pourrait-on dire, en formation pour nous. Et Dieu est aussi le Cœur de Tout...* » (XIII, 80).

Teilhard fait une lecture mystique du récit prophétique. La vie spirituelle donne accès à l'invisible et certains voient ce que d'autres ne voient pas. Teilhard se compare-t-il à Elisée ? C'est probable.

On peut alors comprendre les dernières lignes de son ultime texte, quelques jours avant sa mort, dans *Le Christique* :

« *Comment alors se fait-il que, regardant autour de moi, et tout grisé encore de ce qui m'est apparu, je me trouve quasiment seul de mon espèce ? seul à avoir vu ? Incapable donc, lorsqu'on me le demande, de citer un seul auteur, un seul écrit, où se reconnaisse, clairement exprimée, la merveilleuse "Diaphanie" qui, pour mon regard, a tout transfiguré ? Et comment se peut-il surtout que, "descendu de la montagne" et malgré la magnificence que j'emporte dans mes yeux, je me retrouve si peu meilleur, si peu pacifié et incapable de faire passer dans mes actes, et donc de communiquer effectivement aux autres, la merveilleuse unité où je me sens plongé ?* » (XIII, 115).

Mais face à cette hésitation, la certitude de la Vérité intérieure l'emportera. Teilhard d'ailleurs, en appendice du *Cœur de la Matière*, écrit en 1950, reprendra l'intégralité de l'Hymne à la Matière de 1919 en notant que ce texte traduisait toujours le fond de sa pensée.

« Dès qu'ils eurent passé, Elie dit à Elisée : "Demande, que puis-je faire pour toi avant d'être enlevé d'auprès de toi ?" Et Elisée répondit : "Que me revienne une double part de ton esprit." Elie reprit : "Tu demandes une chose difficile : si tu me vois pendant que je serai enlevé d'auprès de toi cela t'arrivera, sinon cela ne t'arrivera pas." Or, comme ils marchaient en conversant, voici qu'un char de feu et des chevaux de feu se mirent entre eux deux et Elie monta au ciel dans le tourbillon. Elisée voyait et il criait : "Mon père ! Mon père ! Char d'Israël et son attelage !" Puis il ne le vit plus et, saisissant ses vêtements, il les déchira en deux. Il ramassa le manteau d'Elie qui avait glissé et revint se tenir sur la rive du Jourdain» (2 Ro 2, 9-13).

«*L'Homme tomba à genoux dans le char de feu qui l'emportait.*

*Et il dit ceci :*

*"Bénie sois-tu, âpre Matière, glèbe stérile, dur rocher, toi qui ne cèdes qu'à la violence et nous forces à travailler si nous voulons manger.*

*"Bénie sois-tu, dangereuse Matière, mer violente, indomptable passion, toi qui nous dévores si nous t'enchaînons.*

*"Bénie sois-tu, puissante matière, évolution irrésistible, Réalité toujours naissante, toi qui faisant éclater à tout moment nos cadres, nous obliges à poursuivre toujours plus loin la vérité.*

*"Bénie sois-tu, universelle Matière, Durée sans limites, éther sans rivages, triple abîme des étoiles, des atomes et des générations, toi qui débordant et dissolvant nos étroites mesures, nous révèles les dimensions de Dieu.*

*"Bénie sois-tu impénétrable Matière, toi qui, tendue partout entre nos âmes et le monde des Essences, nous fais languir du désir de percer le voile sans couture des phénomènes.*

*"Bénie sois-tu mortelle Matière, toi qui, te dissociant un jour en nous, nous introduiras, par force, au cœur même de ce qui est.*

*"Sans toi, Matière, sans tes attaques, sans tes arrachements, nous vivrions inertes, stagnants, puérils, ignorants de nous-mêmes et de Dieu.*

*"Toi qui meurtris et toi qui panses, toi qui résistes*

*et toi qui plies, toi qui bouleverses et toi qui construis, toi qui enchaînes et toi qui libères, sève de nos âmes, Main de Dieu, Chair du Christ, Matière, je te bénis.*

*"Je te bénis Matière, et je te salue, non pas telle que te décrivent, réduite ou défigurée, les pontifes de la science ou les prédicateurs de la vertu — un ramassis, disent-ils, de forces brutales ou de bas appétits —, mais telle que tu m'apparais aujourd'hui, dans ta totalité et ta vérité.*

*"Je te salue, inépuisable capacité d'être et de Transformation où germe et grandit la Substance élue.*

*"Je te salue, universelle puissance de rapprochement et d'union, par où se relie la foule des monades, et en qui elles convergent toutes sur la route de l'Esprit.*

*"Je te salue, somme harmonieuse des âmes, cristal limpide dont est tirée la Jérusalem nouvelle.*

*"Je te salue Milieu divin chargé de Puissance créatrice, Océan agité par l'Esprit, Argile pétrie et animée par le Verbe incarné.*

*"Croyant obéir à ton irrésistible appel, les hommes se précipitent souvent par amour pour toi dans l'abîme extérieur des jouissances égoïstes. Un reflet les trompe, ou un écho.*

*"Je le vois maintenant.*

*"Pour t'atteindre, Matière, il faut que partis d'un universel contact avec tout ce qui se meut ici-bas, nous sentions peu à peu s'évanouir entre nos mains les formes particulières de tout ce que nous tenons, jusqu'à ce que nous demeurions aux prises avec la seule essence de toutes les consistances et de toutes les unions.*

*"Il faut, si nous voulons t'avoir, que nous te subli-*

*mions dans la douleur après t'avoir voluptueusement saisie dans nos bras.*

*"Tu règnes, Matière, dans les hauteurs sereines où s'imaginent t'éviter les Saints, — chair si transparente et si mobile que nous ne te distinguons plus d'un esprit.*

*"Enlève-moi là-haut, Matière, par l'effort, la séparation et la mort, — enlève-moi là où il sera possible, enfin d'embrasser chastement l'Univers!"*

*En bas, sur le désert redevenu tranquille, quelqu'un pleurait : "Mon Père, mon Père! Quel vent fou t'a emporté!"*

*Et par terre gisait un manteau.* »

**Texte à méditer :** Jean 1, 1-18.

Esprit Saint, tu nous fais contempler dans le monde et l'humanité, l'ineffable trace du Dieu infini.

# LE PRÊTRE

*« Pour favoriser votre action, par toutes choses en moi, je ferai plus encore, mon Dieu, que de m'ouvrir et de m'offrir aux passivités de l'existence. Je m'associerai avec fidélité à votre travail sur mon corps et sur mon âme. Je m'efforcerai de suivre et de prévenir vos moindres impulsions. Oh ! si je pouvais vous résister si peu, Maître, que vous n'arriviez, pour ainsi dire, plus à me distinguer de Vous !...*

*Dans la mesure de mes forces, parce que je suis prêtre, je veux être désormais le premier à prendre conscience de ce que le Monde aime, poursuit, souffre ; — le premier à chercher, à sympathiser, à peiner — le premier à m'épanouir et à me sacrifier — plus largement humain et plus noblement terrestre qu'aucun serviteur du monde... »* (XII, 325).

Teilhard fut un prêtre authentique et fidèle à sa mission profonde jusqu'au bout. « Peu d'existences sacerdotales ont été, je le pense, si totalement unifiées » dira le P. d'Ouince au service célébré à Paris à sa mémoire (HDL, 371). Cet aspect de sa personne n'est peut-être pas assez évoqué. La dimension mystique de son œuvre et de sa personnalité, déterminée par l'alliance en lui du savant et du religieux, n'a jamais diminué un instant la radicalité de son don personnel au Christ qui a fait de lui non seulement un homme d'une bouleversante intériorité mais aussi d'une grande générosité. Un véritable disciple et apôtre du Christ jusque dans les circonstances les plus simples.

La mission dont le jeune prêtre ordonné en 1911 se sent investi est à la mesure de sa recherche personnelle et de sa soif d'absolu. Le premier aspect est bien, dans la grande tradition de l'Église, l'œuvre de salut, mais aux dimensions infinies :

*« Jésus, tout prêtre, parce qu'il est prêtre, a voué sa vie à une œuvre de salut universel. S'il est conscient de sa dignité, il ne doit plus vivre pour lui, mais pour le Monde, à l'exemple de Celui qu'il est oint pour représenter. Pour moi, Jésus, il me semble que ce devoir prend une urgence plus immédiate et une signification plus précise, que pour beaucoup d'autres, bien meilleurs que moi. Innombrables sont les nuances de votre appel ! Essentiellement diverses les vocations ! Les contrées, les nations, les catégories sociales, ont eu chacune leurs Apôtres. Je voudrais être, Seigneur, moi, pour ma très humble part, l'apôtre, et l'évangéliste de votre Christ dans l'Univers »* (XII, 322).

Prêtre au plus profond des entrailles et des tensions du Monde, Teilhard va d'abord le réaliser durant la grande guerre de 1914 qu'il vivra dans un dévouement total aux autres, refusant toute promotion. L'expérience terrible de la guerre est à la fois rupture et communion accentuée au Dieu de la création et de l'accomplissement. En pareil contexte le prêtre devient révélateur de l'enfantement d'un autre monde jusque dans la déchirure des combats :

« *Ô prêtres qui êtes à la guerre... vous avez le pouvoir — par votre ordination — de consacrer, d'une manière réelle, en la chair et le sang du Christ, les souffrances qui vous entourent, et auxquelles votre caractère vous commande de participer.*

*... Jamais vous n'avez été plus prêtres que maintenant, mêlés et submergés... dans la peine et le sang d'une génération — jamais plus actifs — jamais plus directement dans la ligne de votre vocation* » (XII, 332).

Prêtre, le jésuite le sera aussi par sa recherche et dans toute sa vie de savant. Il portera, dans un milieu souvent anticlérical, un témoignage de grande vérité intellectuelle et spirituelle, manifestant un profond respect des idées et des convictions de l'autre, tout en rendant la foi chrétienne accessible et crédible pour un grand nombre d'hommes et de femmes éloignés, de fait, de l'Église, par leur science ou leurs a priori positivistes.

« *Le prêtre n'est-il pas celui qui doit porter intégralement le poids de la vie, et montrer en soi comment peuvent s'allier le travail humain et l'Amour de Dieu ?* (GDP, 238)... *C'est donc bien vrai, Seigneur ? En répandant la Science et la Liberté, je puis densifier, en Elle-même aussi bien que pour moi, l'atmosphère divine où mon unique désir reste toujours de me plonger* » (HU, 124).

Le prêtre vit en même temps la double nécessité de l'apostolat et de l'adoration, du travail dans le monde et de l'Amour qui seul peut expliquer la folie de son don total. Il réalise dans son ministère le mystère de l'Incarnation : « *Le triple rêve de l'Amour vous le réalisez dans une plénitude inouïe, par votre incarnation : — s'envelopper de l'Objet aimé jusqu'à y être noyé, — intensifier sans cesse sa présence, — et s'y perdre sans arriver à s'en rassasier... Que le contact temporaire et circonscrit avec les espèces sacramentelles m'introduise à une communion universelle et perpétuelle avec le Christ, sa volonté omni-agissante, son Corps mystique illimité* » (XII, 327).

Teilhard n'a jamais dissocié son sacerdoce personnel de sa longue et multiforme quête de la Vérité. Le Monde dans sa multitude et sa maturation est présent dans sa prière d'offrande :

« *Un à un je les vois et les aime ceux que vous m'avez donnés comme charme naturel de mon existence. Un à un... je les compte, les membres de cette autre et si chère famille qu'ont rassemblée peu à peu autour de moi, à partir des éléments les plus disparates, les affinités du cœur, de la recherche scientifique et de la pensée. Plus confusément, mais tous sans exception, je les évoque, ceux dont la troupe anonyme forme la masse innombrable des vivants : ceux qui m'entourent et me supportent sans que je les connaisse ; ceux qui viennent et ceux qui s'en vont ; ceux-là surtout qui, dans la vérité ou à travers l'erreur, à leur bureau, à leur laboratoire ou à l'usine, croient au progrès des Choses et poursuivront passionnément aujourd'hui la lumière* » (HDU, 18).

Un aspect sur lequel nous reviendrons en évoquant l'Église, est la fidélité personnelle de Teilhard à son engagement religieux et sacerdotal. Celle-ci est incontestable et appuyée sur sa relation profonde et constante au Christ ressuscité : « *Ô Seigneur, je le désire, que mon acceptation soit toujours plus entière, plus large, plus intense ! Que mon être se présente toujours plus ouvert, plus transparent à votre influence ! Et qu'ainsi je sente votre action toujours plus proche, votre présence toujours plus dense, partout autour de moi. Fiat, Fiat...* » (XII, 325).

Sa fidélité aux promesses de l'ordination fut sans faille tout au long d'une vie pourtant mouvementée et souvent épuisante, malgré les innombrables sollicitations extérieures ou les pressions de tous ordres dont il fut l'objet. « *Cette fidélité*, dira-t-il à la fin de sa vie, *n'a pas exigé de lutte dont je me souvienne. Je ne peux aimer que le Christ.* »

Mais « à tout prendre » dit René d'Ouince, « le trait dominant de la personnalité du P. Teilhard me semble être son inaltérable bonté. Lui si ménager de son temps, comme tous les grands travailleurs, était prêt à donner des heures à qui venait le consulter : à un étudiant, un jociste, une vieille dame qui l'interrogeait sans fin ». L'homme resta toujours fidèle à son intuition de jeunesse qu'enracina davantage sa responsabilité sacerdotale : « *Si j'ai acquis une conviction... c'est que, dans les rapports avec autrui, on ne saurait jamais être trop bon et trop doux dans les formes ; la douceur est la première des forces et la première peut-être des vertus, parmi celles qui se voient* » (GDP, 67).

Comment ne pas citer ici le témoignage du paradoxal Henry de Monfreid, aventurier et écrivain, rendant à son « compagnon de voyage » en mer Rouge, Teilhard, le plus bel hommage qui soit :

« Nul n'a échappé à cette sublime influence, et les pires devinrent meilleurs, réhabilités à leurs propres yeux par la généreuse confiance que leur accorda cet homme qui savait voir au plus obscur de leur âme, non pour les juger, mais pour y découvrir des vertus latentes, pour faire jaillir de cette ombre des reflets inattendus, comme un éclat de diamant, perdu dans l'immondice, brille tout à coup au rayon d'une étoile. Combien de malheureux découragés, aigris et révoltés... combien de ces déshérités, pervertis et perdus par le mépris d'eux-mêmes ont été réconfortés et sauvés par cet homme au limpide regard, qui savait ranimer les consciences mortes comme Jésus de Nazareth ressuscita Lazare. »

Le savant et le prêtre ne s'opposèrent jamais. Le chercheur et le mystique se complétèrent au service de l'unique mission de l'Église que Teilhard comprit toujours par son plus grand angle :

« *Étendre le règne de Dieu aux peuples nouveaux, c'est bien. Il est mieux encore, et plus direct, de le faire pénétrer jusqu'au cœur profond de l'humanité. Si nous arrivions à implanter en ce point précis l'amour de Jésus-Christ, nous serions stupéfaits en voyant le torrent des peuples qui reflueraient spontanément vers Jérusalem* » (EP, 67).

**Texte à méditer :** Jean 21, 15-19.

Dieu tout puissant, donne des prêtres à ton Église pour qu'elle soit signe et source du salut.

*onzième jour*

# L'EUCHARISTIE, FOYER ARDENT

*« En réalité parmi les sacrements, l'Eucharistie se tient dans un ordre à part. Elle est le premier des sacrements, ou plus exactement elle est le sacrement unique auquel se réfèrent tous les autres. Et ceci pour la bonne raison que par elle passe directement l'axe de l'Incarnation, c'est-à-dire de la Création »* (X, 194). *« Lorsque le prêtre dit ces mots "Ceci est mon Corps", la parole tombe directement sur le pain et directement le transforme en la réalité individuelle du Christ. Mais la grande opération sacramentelle ne s'arrête pas à cet événement local et momentané... à travers tous les jours de chaque homme, et tous les âges de l'Église, et toutes les périodes du monde, il n'y a qu'une seule Messe et qu'une seule Communion... »* (IV, 151).

Dans la vie spirituelle et jusque dans la recherche de Teilhard, l'Eucharistie occupe une place essentielle. La foi du savant jésuite est éminemment eucharistique. On peut le comprendre dans la mesure où — appuyé sur toute la tradition théologique du christianisme — il considère ce sacrement comme le signe par excellence de la présence de Dieu au monde. La communion eucharistique a des conséquences qui dépassent largement les limites sensibles, ou l'espace-temps, dans lequel nous vivons notre foi :

« *Mon Dieu, quand je m'approcherai de l'autel pour communier, faites que je discerne désormais les infinies perspectives cachées sous la petitesse et la proximité de l'hostie où vous vous dissimulez. Déjà je me suis habitué à reconnaître, sous l'inertie de ce morceau de pain, une puissance dévorante qui, suivant l'expression de vos plus grands Docteurs, m'assimile bien loin de se laisser assimiler par moi... Dans l'hostie, c'est ma vie que vous m'offrez, Jésus* » (IV, 154).

L'Eucharistie, dans la vision mystique de Teilhard, est bien au centre, non seulement de la vie spirituelle mais de la vie du monde — par le mystère de l'Église invisible — et de l'Évolution irréversible de l'Univers. Il n'est pas étonnant que ce soit dans *Le Milieu divin* que nous rencontrions les plus fortes pages sur l'Eucharistie qui constitue, d'une certaine façon, l'âme du Milieu divin.

Teilhard nous conduit progressivement à la découverte de ce Centre par lequel Dieu nous maintient dans le champ de sa présence. C'est le Christ Universel qui nous transforme et nous rassemble en une grande communion. La notion traditionnelle de Corps Mystique reprend alors toute sa dimension à la condition de comprendre la portée invisible et universelle de l'Eucharistie. Pour Teilhard la grande opération sacramentelle ne s'arrête pas à l'événement local et momentané.

*« Au fond, depuis les origines de la préparation messianique jusqu'à la Parousie... un seul événement se développe dans le Monde : l'Incarnation, réalisée en chaque individu par l'Eucharistie. Toutes les communions d'une vie forment une seule communion. Toutes les communions de tous les hommes actuellement vivants forment une seule communion. Toutes les communions de tous les hommes présents, passés et futurs forment une seule communion »* (IV, 151).

L'Eucharistie est le foyer lumineux et ardent qui atteste, en plein cœur de l'histoire et de chaque histoire humaine particulière, la fidélité transcendante du dessein universel de salut. Elle met en mouvement le dynamisme créateur et récapitulateur de Dieu. Gustave Martelet précise en ce sens : « Souvent, il faut le dire, on est resté captif d'une vision de la présence eucharistique trop limitée dans ses effets au seul sacrement. Teilhard nous a montré que la "transsubstantiation" qui emprisonne la foi dans les "espèces" devait au contraire l'élargir. Il a ainsi ouvert le monde aux "extensions" eucharistiques et contribué à faire comprendre qu'on doit partir de la Résurrection pour saisir le vrai mystère de la Présence. »

Car le Christ présent est bien le Ressuscité, à la mesure des attentes du monde. Le monde a soif d'adoration. Plus l'Homme se développera plus il sera en proie au besoin d'adorer. Et Teilhard prie : *« Ô Jésus, déchirez les nues de votre éclair ! Montrez-vous à nous comme le Fort, l'Étincelant, le Ressuscité ! Soyez-nous le Pantocrator qui occupait, dans les vieilles basiliques, la pleine solitude des coupoles ! Il ne faut rien de moins que cette Parousie pour équili-*

*brer et dominer dans nos cœurs la gloire du Monde qui s'élève»* (IV, 158).

Teilhard rejoint ici, à nouveau, la perspective de la «Méditation du Règne» dans les *Exercices* de saint Ignace : «Voir le Christ Notre Seigneur, roi éternel, et devant lui tout l'univers qu'il appelle en même temps que chacun en particulier en disant : ma volonté est de conquérir le monde entier... et d'entrer ainsi dans la gloire de mon Père.»

L'Eucharistie nous rappelle que le Royaume est au-dedans de nous-mêmes. Or ce Royaume est appelé à se développer en nous. Ce Milieu d'Amour peut et doit s'accroître. Il est d'abord nécessaire de prendre vraiment conscience de la présence de Dieu qui ressemble davantage à la brise qu'à l'ouragan. La présence de Dieu, signifiée dans la communion, peut se manifester dans une insensible transformation du regard ou du cœur, par le goût de l'être, la découverte de la modification profonde des choses ou l'intuition de l'infini. Cette présence réalise effectivement ce qui jusque-là ne pouvait être — et n'est encore pour beaucoup — que simple intuition :

*«Une brise passe dans la nuit. Quand s'est-elle levée? D'où vient-elle? Où va-t-elle? Nul ne le sait. Personne ne peut forcer à se poser sur soi l'esprit, le regard, la lumière de Dieu. Un jour l'Homme prend conscience qu'il est devenu sensible à une certaine perception du Divin répandu partout. Interrogez-le. Quand cet état a-t-il commencé pour lui? Il ne pourrait le dire. Tout ce qu'il sait, c'est qu'un esprit nouveau a traversé sa vie»* (IV, 159).

L'Eucharistie transforme la vie du chrétien en l'incorporant davantage encore à son Maître. Teilhard parle de l'*« étreinte enveloppante »* du Christ. Malgré les aspects fragiles du rite sacramentel, sa contingence et sa variabilité historique, ce qui se passe dans l'acte eucharistique rejoint bien les paroles du Christ dans le discours sur le pain de vie : « Celui qui mange ma chair et boit mon sang demeure en moi et moi en lui. Et comme le Père qui est vivant m'a envoyé et que je vis par le Père, ainsi celui qui me mange vivra par moi » (Jn 6, 56s).

*« En moi, périodiquement, les saintes espèces pourront s'évanouir. Chaque fois elles me laisseront plus profondément enfoncé dans les nappes de votre Omniprésence : vivant et mourant, je ne cesserai à aucun moment d'avancer en vous »* (IV, 155).

Ce sacrement de la présence divine ne peut être confondu avec un simple lien humain ou social à la communauté et même avec le Baptême, signe de l'entrée dans l'Église. Il y a ici beaucoup plus, il y a véritablement union par le centre, il y a également expérience physique : *« Le Christ ne saurait consommer notre Unité dans le Centre, fixé au-dessus de nous, de son Esprit, que s'il nous enserre préalablement dans un réseau matériel sous-tendu à notre* "être corporel". *Pour être l'âme de nos âmes, il faut qu'il commence par être la Chair de notre Chair. »*

Mais si nous communions, nous ne nous approprions jamais le Christ vivant. A l'instant où nous pensons enserrer la divine présence, celle-ci semble nous échapper et nous attirer constamment vers l'en-avant. La communion, tout en nous rapprochant de Dieu par le Corps de son Fils, ouvre nos perspectives sur le Monde et les autres. Elle ne nous retient pas mais nous met en route en situant Dieu toujours au-devant comme Celui qui nous appelle à aller vers lui en traversant le Monde et en aimant nos frères :

« *Si mince que fut l'Hostie, je me perdais en Elle, sans parvenir à la saisir ni à coïncider avec Elle. Son centre fuyait en m'attirant... A mesure que je pensais l'enserrer, ce n'était point Elle que je tenais mais quelqu'une des mille créatures au sein desquelles est prise notre vie : une souffrance, une joie, un travail, un frère à aimer ou à consoler* » (HU, 155).

Le texte que nous lirons dans l'étape suivante, déploiera de manière poétique mais non moins réaliste la signification de l'Eucharistie pour la vie du Monde. Ce qui est certain c'est que Teilhard a donné à ce sacrement, « source et sommet de la vie chrétienne », comme le rappelle le Concile Vatican II, sa pleine dimension et sa place dans la singularité chrétienne et la responsabilité spirituelle de l'Église, aujourd'hui.

« *Entre les Hommes et moi, vous voulez que, votre Eucharistie aidant, se manifeste la fondamentale attraction (déjà obscurément pressentie dans tout Amour lorsqu'il est fort) qui fait mystiquement de la myriade des créatures raisonnables une sorte de même Monade* (unité) *en Vous, Jésus-Christ* » (HU, 98).

**Texte à méditer :** Jean 6, 22-59.

Tu es, Seigneur Jésus, le pain vivant descendu du ciel, celui qui nourrit en profondeur notre foi.

# LA MESSE SUR LE MONDE

*« Quand je chemine à mulet, des journées entières, je répète, comme autrefois — défaut d'autre messe — la "messe sur le Monde" que vous connaissez, et je crois la dire avec plus de lucidité et plus de conviction encore que jadis... »* (LLZ, 46).

*« J'élabore toujours peu à peu en priant, "ma messe sur les choses". Il me semble qu'en un sens la vraie substance à consacrer journellement est l'accroissement du monde ce jour-là — le pain symbolisant assez bien ce que la création arrive à produire, le vin (sang) ce qu'elle fait perdre en épuisement et en souffrance dans son effort »* (LDV, 46).

*La Messe sur le Monde* (XIII, 139) de Teilhard est, sans nul doute, le texte le plus connu du jésuite, celui en tous cas qui a été le plus édité et le plus traduit.

Sans être significatif de l'ensemble de la pensée teilhardienne, cet écrit composé dans un style lyrique et poétique soigneusement maîtrisé, est une longue prière dont le thème réparti en cinq sections est la Présence lumineuse et active de Dieu dans le Monde. Cette présence est parfaitement signifiée dans le rite chrétien de l'Eucharistie dont le prêtre est le célébrant, au nom du Christ.

C'est un texte de nature mystique, affirmative méditation plus qu'analyse logique, expression d'une vision et d'une certitude intérieure plus que transmission d'une tradition ou d'un savoir.

Écrit sous une première forme pendant la guerre, en 1918, sous le titre *Le prêtre*, il est remanié en 1923 et apparaît tel que nous le connaissons. Sa structure est celle de l'Eucharistie : L'Offrande (offertoire de la Messe), Le feu au-dessus du Monde (Préface et invocation du Dieu de Majesté), Le Feu dans le Monde (Invocation de l'Esprit qui descend sur les offrandes), Communion (communion des fidèles), Prière (prière de conclusion).

Nous méditerons ce texte dans quelques passages essentiels.

## L'OFFRANDE

« *Puisque, une fois encore, Seigneur, non plus dans les forêts de l'Aisne, mais dans les steppes de l'Asie, je n'ai ni pain, ni vin, ni autel, je m'élèverai par-dessus les symboles jusqu'à la pure majesté du Réel, et je vous offrirai, moi votre prêtre, sur l'autel de la Terre entière, le travail et la peine du Monde.*

*Le soleil vient d'illuminer, là-bas, la frange extrême du premier Orient. Une fois de plus, sous la nappe mouvante de ses feux, la surface vivante de la Terre s'éveille, frémit, et recommence son effrayant labeur. Je placerai sur ma patène, ô mon Dieu, la moisson attendue de ce nouvel effort. Je verserai dans mon calice la sève de tous les fruits qui seront aujourd'hui broyés.*

*Mon calice et ma patène, ce sont les profondeurs d'une âme largement ouverte à toutes les forces qui, dans un instant, vont s'élever de tous le points du Globe et converger vers l'Esprit. Qu'ils viennent donc à moi, le souvenir et la mystique présence de ceux que la lumière éveille pour une nouvelle journée!...*

*... Recevez, Seigneur, cette Hostie totale que la Création, mue par votre attrait, vous présente à l'aube nouvelle. Ce pain, notre effort, il n'est de lui-même, je le sais, qu'une désagrégation immense. Ce vin, notre douleur, il n'est encore, hélas! qu'un dissolvant breuvage. Mais, au fond de cette masse informe, vous avez mis — j'en suis sûr, parce que je le sens — un irrésistible et sanctifiant désir qui nous fait crier, depuis l'impie jusqu'au fidèle: "Seigneur, faites-nous un!"*

*Parce que, à défaut du zèle spirituel et de la sublime pureté de vos Saints, vous m'avez donné, mon Dieu, une sympathie irrésistible pour tout ce qui se meut dans la matière obscure — parce que, immédiatement, je reconnais en moi, bien plus qu'un enfant du Ciel, un fils de la Terre — je monterai, ce matin,en pensée, sur les hauts lieux, chargé des espérances et des misères de ma mère; et là, — fort d'un sacerdoce que vous seul, je le crois, m'avez donné — sur tout ce qui, dans la Chair humaine, s'apprête à naître ou à périr sous le soleil qui monte, j'appellerai le Feu.»*

## LE FEU AU-DESSUS DU MONDE

*« Le Feu, ce principe de l'être, nous sommes dominés par l'illusion tenace qu'il sort des profondeurs de la Terre, et que sa flamme s'allume progressivement le long du brillant sillage de la Vie. Vous m'avez fait la grâce, Seigneur, de comprendre que cette vision était fausse, et que, pour vous apercevoir, je devais la renverser. Au commencement, il y avait la puissance intelligente, aimante et active. Au commencement, il y avait le Verbe souverainement capable de s'assujettir et de pétrir toute Matière qui naîtrait. Au commencement, il n'y avait pas le froid et les ténèbres ; il y avait le Feu. Voilà la Vérité. ... Esprit brûlant, Feu fondamental et personnel, Terme réel d'une union mille fois plus belle et désirable que la fusion destructrice imaginée par n'importe quel panthéisme, daignez, cette fois encore, descendre, pour lui donner une âme, sur la frêle pellicule de matière nouvelle dont va s'envelopper le Monde, aujourd'hui...*

*... Verbe étincelant, Puissance ardente, Vous qui pétrissez le Multiple pour lui insuffler votre vie, abaissez, je vous prie, sur nous, vos mains puissantes, vos mains prévenantes, vos mains omniprésentes, ces mains qui ne touchent ni ici ni là mais qui, mêlées à la profondeur et à l'universalité présente et passée des Choses, nous atteignent simultanément par tout ce qu'il y a de plus vaste et de plus intérieur, en nous et autour de nous... »*

# LE FEU DANS LE MONDE

*« C'est fait. Le Feu, encore une fois, a pénétré la Terre. Il n'est pas tombé bruyamment sur les cimes, comme la foudre en son éclat. Le Maître force-t-il les portes pour entrer chez lui ?*

*Sans secousse, sans tonnerre, la flamme a tout illuminé par le dedans. Depuis le cœur du moindre atome jusqu'à l'énergie des lois les plus universelles, elle a si naturellement envahi individuellement et dans leur ensemble, chaque élément... chaque liaison de notre Cosmos, que celui-ci, pourrait-on croire, s'est enflammé spontanément.*

*... Maintenant, Seigneur, par la Consécration du Monde, la lueur et le parfum flottant dans l'Univers prennent pour moi corps et visage, en Vous. Ce qu'entrevoyait ma pensée hésitante, ce que réclamait mon cœur par un désir invraisemblable, vous me le donnez magnifiquement ; que les créatures soient non seulement tellement solidaires entre elles, qu'aucune ne puisse exister sans toutes les autres pour l'entourer, mais qu'elles soient tellement suspendues à un même centre réel, qu'une véritable Vie, subie en commun, leur donne, en définitive, leur constance et leur union...*

*... Si je ne pouvais croire, moi, que votre Présence réelle anime, assouplit, réchauffe la moindre des énergies qui me pénètrent ou me frôlent, est-ce que, transi dans les moelles de mon être, je ne mourrais pas de froid ?... »*

## COMMUNION

*« Si le Feu est descendu au cœur du Monde, c'est finalement pour me prendre et pour m'absorber. Dès lors, il ne suffit pas que je le contemple, et que par une foi entretenue, j'intensifie sans cesse autour de moi son ardeur. Il faut qu'après avoir coopéré, de toutes mes forces, à la Consécration qui le fait jaillir je consente enfin à la Communion qui lui donnera, en ma personne, l'aliment qu'il est venu finalement chercher.*

*Je me prosterne, mon Dieu, devant votre Présence dans l'Univers devenu ardent et, sous les traits de tout ce que je rencontrerai, et tout ce qui m'arrivera, et de tout ce que je réaliserai en ce jour, je vous désire et je vous attends...*

*... Le Monde ne peut vous rejoindre finalement, Seigneur, que par une sorte d'inversion, de retournement, d'excentration où sombre pour un temps, non seulement la réussite des individus, mais l'apparence même de tout avantage humain. Pour que mon être soit décidément annexé au vôtre, il faut que meure en moi... le Monde, c'est-à-dire que je passe par la phase déchirante d'une diminution que rien de tangible ne viendra compenser. Voilà pourquoi, recueillant dans le calice l'amertume de toutes les séparations, de toutes les limitations, de toutes les déchéances stériles, vous me le tendez : "Buvez-en tous". »*

**Texte à méditer :** Actes des Apôtres 2.

Toi, l'Esprit de Dieu, transforme nos vies, nos peines et nos joies en Corps et Sang du Christ.

*treizième jour*

# CROIRE A L'ÉGLISE

*«Je crois à l'Église "médiatrice" entre Dieu et le Monde et je l'aime, et il me semble que cela me donne beaucoup de paix... J'espère, Dieu aidant, ne jamais rien faire contre l'Église, hors de laquelle je ne discerne aucun courant de vie ayant chance de réussir»* (ER, 504). *«Une sorte d'ultra-socialisation est en cours: celle par laquelle "l'Église" se forme peu à peu, vivifiant par son influence, et collectant sous leur forme la plus sublime toutes les énergies spirituelles de la Noosphère; — L'Église, portion réflexivement christifiée du Monde, — foyer principal d'affinités inter-humaines par super-charité, — l'Église, axe central de convergence universelle et point précis de rencontre jaillissante entre l'Univers et le Point Oméga»* (XI, 206).

L'Église a beaucoup compté pour Teilhard et l'on reste encore trop discret sur ce point. Les difficultés incontestables du jésuite avec son ordre et l'Église institutionnelle — dont on sait désormais les raisons contextuelles — ne doivent pas faire oublier son Amour de l'Église et sa volonté de ne jamais s'en séparer. L'Église était pour lui Corps du Christ et il lui était impensable même en pleine difficulté de s'éloigner un seul instant de la communion spirituelle, humaine et sociale signifiée par ce Corps : « *Je préfère tout sacrifier que de porter atteinte à l'intégrité du Christ.* »

La foi de Teilhard était scrupuleusement orthodoxe et ne fut jamais menacée, au fond, par l'audace de ses nouvelles formulations ou de ses essais de réinterprétation : « *On ne peut être chrétien qu'en croyant absolument et définitivement à tous les dogmes. La moindre restriction sur l'extension ou la compréhension fait tout évanouir* » (C1). Bruno de Solages, dont l'amitié courageuse soutint Teilhard aux heures difficiles, comme le firent René d'Ouince ou Henri de Lubac, précise : « Sa préoccupation d'orthodoxie était constante et simultanément son souci de fidélité à l'Église. Je me souviens d'une conversation, en 1935, où nous avions agité ensemble des questions dogmatiques bien délicates ; il me disait en concluant : *"Heureux sommes-nous de l'autorité de l'Église ! Livrés à nous-mêmes, jusqu'où risquerions-nous d'aller à la dérive ?"* » (BDS, 341).

Henri de Lubac écrira : « De son œuvre entière, on peut dire qu'elle est l'œuvre d'un croyant qui propose aux hommes sa vision du Christ, vision très personnelle, mais du seul Christ de l'Évangile et de l'Église. » En ce sens Teilhard, à qui l'on a, sans raison suffisante — ou même parfois sans l'avoir lu... — reproché de s'attaquer aux fondements de la foi, sera toujours opposé aux tendances hérétiques ou aux risques de syncrétisme, de dissociation ou de dilution du message évangélique. Ainsi, « comparant sa propre attitude à l'attitude moderniste », il pouvait rendre ce témoignage : *« Le moderniste "volatilise" le Christ, le dissocie dans le Monde. Moi, au contraire je cherche à concentrer le Monde dans le Christ »* (BDS, 342).

La foi de Teilhard en l'Église apparaît dans l'ensemble de l'œuvre sous deux formes complémentaires, soit dans une reformulation du rôle universel de l'Église soit dans des affirmations répétées et enchassées dans son raisonnement, sorte d'expression d'un « kerygme » (concentré de la base de sa foi) personnel et rappelant sa volonté de ne pas quitter l'axe révélateur de l'Église :

*« Et Dieu, du reste, peut-il laisser se séparer de lui ceux qui tâchent d'être "pionniers" sans orgueil ni ambition personnelle, par amour de l'Église et de la Vérité, avec absolue confiance en lui et préférence pour sa divine volonté ? »* (GDP, 163). *« La vérité sur la grandeur du Christ, c'est d'être sans limite. Allez de tout votre cœur et de toute votre intelligence en avant, mais ne vous séparez pas du tronc chrétien »* (EP, 148).

En catholique convaincu, Teilhard réaffirme le rôle essentiel de Rome qui représente pour lui — même s'il formule des remarques vis-à-vis du gouvernement central de l'Église — un pôle d'unité essentiel sur le plan historique et mystique : *« Si le Christianisme est vraiment destiné, comme il le professe et le sent, à être la religion de demain, ce ne saurait être que par l'axe vivant et organisé de son Catholicisme romain qu'il peut espérer se mesurer avec les grands courants humanitaires modernes et se les assimiler»* (X, 197).

La ville de Rome où il sera convoqué — et qu'il ne considérait que par rapport à l'avenir, le passé ne l'intéressant que secondairement — lui laissera une impression forte : *«Je prends conscience, il me semble, de l'extraordinaire foyer de rayonnement spirituel construit par deux mille ans d'histoire en ces lieux : présentement c'est bien ici que se trouve le pôle christique de la Terre ; c'est bien par ici, veux-je dire, que passe l'axe ascensionnel de l'hominisation»* (NLV, 294)... *«J'ai été impressionné (et consolidé) par l'extraordinaire confiance, vraiment imperturbable du Christianisme, en l'inébranlabilité de sa Foi et de sa Vérité»* (NLV, 297).

L'homme, rappelé à l'ordre par ses supérieurs, vivant l'obéissance comme un acte d'Amour et une plus grande communion au Christ ressuscité, l'homme remis en cause — et parfois de manière injuste et cavalière — par toute une aile conservatrice du catholicisme, se sent intérieurement et solidement rattaché au tronc chrétien et à la tradition catholique. On découvre, à ce sujet, des pages étonnantes sur son interprétation du dogme de l'infaillibilité :

*«Dire que l'Église est infaillible c'est simplement reconnaître que... le groupe chrétien contient en soi et à un degré supérieur le sens et les potentialités obscures qui lui permettent de trouver, à travers d'innombrables tâtonnements, son chemin jusqu'à maturité et achèvement... Ceci posé, localiser, comme font les catholiques, l'organe permanent de cette infaillibilité phylétique dans les Conciles, — ou par concen-*

*tration plus avancée encore de la conscience chrétienne, dans le Pape (formulant et exprimant non pas ses propres idées mais la pensée de l'Église) — ceci n'a rien que de très conforme, à la grande loi de "céphalisation" qui domine toute l'évolution biologique»* (X, 181).

L'Église est, pour Teilhard, un grand Corps en évolution. Il utilisera davantage le terme de «phylum» (série évolutive de formes) pour caractériser en elle la continuité et l'évolution. *«Elle est vivante, Corps mystique du Christ, de lui, par lui et avec lui elle tient d'être non seulement un "phylum" mais un "phylum d'amour"... inséré par Dieu dans le processus évolutif, présence du Vivant qui donne à l'Église d'intégrer dans sa continuité le mouvement même de la vie : constante émergence du "tout nouveau"»* (CUE, 197).

Il y a, dans l'Église, en raison de son lien étroit au Christ ressuscité, un principe de développement et d'évolution. Le christianisme vécu dans une tradition spirituelle et rituelle particulière correspond pourtant sans aucun effort au grand mouvement de transformation qui marque l'Univers :

*«En ce sens le Christ est dans l'Église comme le soleil sous nos yeux. Nous voyons le même soleil que nos pères, et cependant nous le comprenons d'une manière bien plus magnifique. Je crois que l'Église est encore une enfant. Le Christ dont elle vit est démesurément plus grand qu'elle ne se l'imagine ; et pourtant dans des milliers d'années quand le vrai visage du Christ se sera un peu plus découvert, les chrétiens d'alors réciteront encore, sans réticences, le Credo»* (XIII, 137).

Dans cette Église, les vocations sont nombreuses et correspondent à la multiplicité du Monde dans lequel Dieu trace des voies différentes mais convergentes : « *Il y a une infinité de vocations... Il y a dans l'Église saint Thomas d'Aquin et saint Vincent de Paul à côté de saint Jean de la Croix... mais ces saintetés différentes sont les nuances d'un même spectre* » (ER, 455). Les vocations ont en commun d'être signes de la sainteté à laquelle tous les hommes sont appelés. Teilhard redira souvent vers la fin de sa vie que ce qu'il manque, dans l'Église, c'est « *une définition nouvelle de la sainteté* ».

Celle-ci ne doit pas être caractérisée par la fuite du Monde mais par une intégration spirituelle du réel dans la démarche de conversion et l'abandon au Christ. Il précise dans sa *Petite Introduction au Christianisme* : « *Le "Quittez tout et suivez-moi" de l'Évangile n'aboutit, en fin de compte, qu'à nous rejeter sur "tout" sous un angle plus haut, dans la mesure où ce "tout" nous permet de saisir et de prolonger le Christ dans la réalité de son Incarnation. Non plus surtout la mortification mais la perfection de l'effort humain, grâce à la mortification* » (X, 198).

L'Église est bien le lieu et temps d'illumination du Monde par la grâce sanctifiante du Dieu vivant.

**Texte à méditer :** 1 Pierre 2, 4-10.

Tu es notre Dieu et nous sommes ton peuple. Conduis-nous, en Église, vers les sources éternelles.

# ATTENDRE ET ESPÉRER

*« L'attente... est la fonction chrétienne par excellence, et le trait le plus distinctif peut-être de notre religion. Historiquement, l'attente n'a jamais cessé de guider, comme un flambeau les progrès de notre Foi. Les Israélites ont été de perpétuels "expectants" ; et les premiers chrétiens aussi. Car Noël qui aurait dû, semble-t-il, inverser nos regards et les concentrer sur le Passé, n'a fait que les reporter plus loin encore en avant. Un instant apparu parmi nous, le Messie ne s'est laissé voir et toucher que pour se perdre, une fois encore, plus lumineux et plus ineffable dans les profondeurs de l'avenir. Mais maintenant nous devons l'attendre encore et de nouveau... C'est une accumulation de désirs qui doit faire éclater la Parousie »* (IV, 197).

La vie spirituelle, dans la mystique de Teilhard, culmine dans une attente. Le croyant est tendu vers l'avant et toute l'existence est marquée par une profonde dynamique d'accomplissement. La destinée et le message de celui qui disait : *« J'ai toujours vécu en avant »* peut être volontiers comparée à ce temps de l'Avent précédant Noël, fête de l'irruption de Dieu dans l'histoire et dans toute vie. Ce temps de l'Avent aux portes de l'hiver, lorsque tout se dépouille, se concentre sur l'essentiel, sans artifice ni fausse sécurité.

Cette spiritualité de l'Avent, évoquant la dimension prophétique du christianisme, convenait bien à Teilhard en qui la tension constante entre Incarnation et Résurrection était source de cette attente dont le Christ demeurait le centre : *« Oui, bon Avent ! Toute l'activité de la Terre... devenant une marche à la rencontre de la Parousie... Que ce nouveau Noël en tous cas nous rapproche et rapproche sur soi les hommes, dans un Christ toujours plus clairement perçu au centre de convergence du Monde »* (EP, 154.157).

Le Monde attend, de multiples façons, et de plus en plus, une Parole et un message à la mesure de l'immensité des questions posées. L'attente est beaucoup plus spirituelle que matérielle, qualitative que quantitative : *« Ce que l'Homme attend en ce moment et ce qu'il mourrait de ne pas trouver dans les choses c'est un aliment complet pour nourrir en lui la passion du plus-être »* (VII, 290).

Mais ne sommes-nous pas trop tièdes ou hésitants, trop installés ou repliés sur le passé, témoins de nostalgie plus que d'audace ? *« Chrétiens, chargés après Israël, de garder toujours vivante sur Terre la flamme du désir, vingt siècles seulement après l'Ascension, qu'avons-nous fait de l'Attente ? »*

Le christianisme doit, coûte que coûte, être témoin aujourd'hui d'une confiance et d'une espérance dont la base n'est autre que le contenu même de la foi : le Monde, quels que soient les soubresauts de son développement, est appelé à l'accomplissement en Dieu. Et cela doit mobiliser toutes nos énergies présentes. Le triomphe du Christ n'abolit en rien l'intérêt de la recherche actuelle des hommes, de leurs initiatives, de leurs progrès :

*« Nous l'oublions sans cesse. Le surnaturel est un ferment, une âme, non un organisme complet. Il vient transformer la "nature". Mais il ne saurait se passer de la matière que celle-ci lui présente... L'attente du Ciel ne saurait vivre que si elle est incarnée. Quel corps donnerons-nous à la nôtre aujourd'hui ? Celui d'une immense espérance totalement humaine »* (IV, 199).

Notre espérance n'est pas inhumaine ou surhumaine mais totalement humaine. L'humanité est en croissance et les progrès de l'Univers ne sont pas une concurrence faite à Dieu, pas plus que les échecs ou la mort ne lui font véritablement obstacle.

La foi est située au carrefour des promesses divines et des aspirations humaines mais ne les oppose en rien. Toute perspective d'exclusion serait destructrice de l'équilibre humain et spirituel. Tout soupçon porté sur les progrès du monde serait un signe d'infidélité à la Parole de Dieu et à son souffle créateur. *Le Milieu divin* s'achève par ces lignes — certainement très connues — mais qu'il nous faut prendre le temps de méditer à nouveau :

*« Pourquoi donc, hommes de peu de foi, craindre ou bouder les progrès du monde ? Pourquoi multiplier imprudemment les prophéties et les défenses : N'allez pas... N'essayez pas... Tout est connu... La terre est vide et vieille... Il n'y a plus rien à trouver.*

*Tout essayer pour le Christ ! Tout espérer pour le Christ !...* "Que rien ne soit condamné". *Voilà juste au contraire la véritable attitude chrétienne. Diviniser n'est pas détruire mais surcréer. Nous ne saurons jamais assez tout ce que l'Incarnation attend encore des puissances du Monde. Nous n'espérerons jamais assez de l'unité humaine croissante.*

*Lève la tête, Jérusalem. Regarde la foule immense de ceux qui construisent et de ceux qui cherchent. Dans les laboratoires, dans les studios, dans les déserts, dans les usines, dans l'énorme creuset social, les vois-tu, tous ces hommes qui peinent ? Eh bien ! tout ce qui fermente par eux d'art, de science, de pensée, tout cela c'est pour toi. Allons, ouvre tes bras, ton cœur, et accueille, comme ton Seigneur Jésus, le flot, l'inondation, de la sève humaine. Reçois-la cette sève, car sans son baptême, tu t'étioleras sans désir, comme une fleur sans eau ; et sauve-la, puisque, sans ton soleil, elle se dispersera follement en tiges stériles.*

*La tentation du Monde trop grand, la séduction du Monde trop beau, où est-elle maintenant ?*

*Il n'y en a plus.*

*La Terre peut bien, cette fois, me saisir de ses bras géants. Elle peut me gonfler de sa vie ou me reprendre dans sa poussière. Elle peut se parer à mes yeux de tous les charmes, de toutes les horreurs, de tous les mystères. Elle peut me jeter à genoux dans l'attente de ce qui mûrit dans son sein.*

*Ses ensorcellements ne sauraient plus me nuire, depuis qu'elle est devenue pour moi, par-delà elle-même, le Corps de Celui qui est et de Celui qui vient ! Le Milieu divin* » (IV, 201).

L'attente pour Teilhard est aussi et surtout une

démarche intérieure et secrète. Elle doit se vivre, dans la prière et un certain dépouillement, une concentration à l'écart des manifestations bruyantes ou des affirmations excessives. Elle indique la liberté de Dieu en plein cœur de l'expérience mystique : «*Reploie tes ailes, ô mon âme, que tu avais ouvertes toutes grandes pour atteindre aux sommets terrestres où la lumière est la plus ardente. Et attends que le Feu descende, s'il veut bien que tu sois à lui*» (XII, 186).

L'intériorité détermine aussi l'espérance. Nous indiquerons la route si nous savons voir : «*Dans la conversion du monde moderne tout est une affaire de vision, tout doit partir d'une illumination interne... Si la vision est là, le don suivra, presque infailliblement. Si les hommes en ce moment ne se donnent pas, c'est qu'ils ne sont pas pris par le fond de leur intelligence et de leur cœur*» (EP, 148).

L'attente nous oriente, ne l'oublions pas, vers la fin, l'ultime, le «Jour du Seigneur». Que sera-t-il ? Difficile de l'imaginer. Nous n'avons même pas à le faire, nous laisse entendre le Concile Vatican II : «Nous ignorons le temps de l'achèvement de la terre et de l'humanité. Nous ne connaissons pas le mode de transformation du cosmos» (G.S. 39, 1). Inconnue aussi la façon dont se fera la rencontre qui sera personnelle, chacun étant unique pour Dieu. Nous ne pouvons oublier cependant que «Dieu a tant aimé le monde qu'il a envoyé son Fils pour que tout homme qui croit en lui ne périsse pas mais ait la vie éternelle» (Jn 3, 16). Le salut est une question d'Amour et se réalisera par l'Amour.

Teilhard, qui se refuse à voir l'accomplissement comme une fin du monde catastrophique, suppose que le jour ultime se lèvera sur un monde au point extrême de tension et de liberté (liberté de l'adhésion et du refus). Et il conclut en termes poétiques et signifiants, évoquant les perspectives de Luc (Lc 21, 27) et de Paul (1 Co 15, 23) :

« *Alors, sans doute, sur une Création portée au paroxysme de ses aptitudes à l'union, s'exercera la Parousie* (venue glorieuse)... *Le Christ universel jaillira comme un éclair au sein des nuées du monde lentement consacré...* » Les destinées individuelles s'accompliront alors « *les unes... dans l'achèvement sans limites d'une éternelle Communion, les autres... dans les affres conscientes d'une interminable décomposition...* » A cet instant, le Christ « *consommera l'unification universelle en se livrant dans son Corps complet et adulte... aux embrassements de la Divinité...* » Et puis, viendra la fin. « *Comme une marée immense, l'Être aura dominé le frémissement des êtres. Au sein d'un Océan tranquillisé, mais dont chaque goutte aura conscience de demeurer elle-même, l'extraordinaire aventure du Monde sera terminée...* Et Dieu sera tout en tous » (IX, 113).

**Texte à méditer :** Apocalypse 21, 1-6.

Viens, Seigneur Jésus, nous t'attendons. Éveille-nous et garde-nous attentifs aux signes du Royaume.

*quinzième jour*

# UN CHRISTIANISME D'AVENIR

« *Seul, en fait, le Christianisme reste aujourd'hui debout, capable de se mesurer avec le Monde intellectuel et moral né en Occident depuis la Renaissance... Le Christianisme ne verse pas l'opium d'une passivité défaitiste, mais la griserie lucide d'une réalité magnifique à découvrir par une avancée sur tout le front de l'Univers. En dépit de certaines gaucheries inévitables il nous a rendus jusqu'ici... non pas inhumains mais surhumains. Voilà pourquoi il demeure acceptable, en tant que croyance, pour une génération qui ne demande plus seulement à la Religion de nous garder sages et de panser nos plaies, mais de nous faire critiques, enthousiastes, chercheurs et conquérants...* » (XIII, 139).

Si l'on pouvait caractériser, en cette dernière étape, l'un des apports les plus riches de la pensée et de la spiritualité de Teilhard à notre temps, il faudrait parler d'optimisme fondamental (mot auquel il tenait) et même de dimension prophétique, dans la mesure où, comme le Baptiste il garde notre regard constamment levé vers Celui qui ne cesse de venir.

Pour Teilhard, la foi chrétienne en raison de sa source, le Christ ressuscité, constitue une réelle force de proposition et d'action spirituelle, culturelle et sociale. Elle donne une réponse à la question du sens, encore trop réservée à des élites, mais qui ne cesse de se déployer :

*« Il me paraît psychologiquement inévitable que, avant deux ou trois générations, l'Humanité soit amenée à se poser en masse la question du sens et de la valeur qu'elle se donne ; — et je ne doute guère que l'issue soit un acte de foi en l'Avenir... Je pense que nous sommes à la veille de passer par un point critique, au-delà duquel ceux-là seulement continueront à chercher et à construire (c'est-à-dire à vivre) qui le feront religieusement »* (EP, 110).

Nous vivons aujourd'hui une mutation sans précédent et le christianisme franchit, comme l'humanité en laquelle il s'inscrit, des successions de seuils. Il semble qu'il atteigne au XXe siècle, pour Teilhard, la limite d'un des cycles naturels de son existence : *« Nulle trace sur terre d'une foi en état d'expansion, mais seulement çà et là des credos pratiquement stabilisés, quand ils ne sont pas en voie de claire régression... de là, dans l'ensemble (et malgré certains symptômes décisifs mais encore souterrains de renaissance) cette impression obsédante d'une montante et irrésistible déchristianisation »* (V, 339).

Pourtant, face aux grands aspirations collectives, rien ne peut nous ramener en arrière. L'humanité a grandi et il faut faire front devant cette nouvelle situation avec courage et foi. Il formule dès 1916 le souhait d'une synthèse harmonisant les évolutions naturelle et surnaturelle de l'humanité : « *L'équilibre du développement humain ne se trouve ni dans la seule obéissance aux lois de la terre ni dans la seule adhésion aux dogmes et à un esprit révélé par le Père très bon qui est aux cieux, mais bien dans un effort vers Dieu qui fasse battre le sang de toutes les veines sans exception de l'humanité* » (XII, 88).

L'Église a d'abord manifesté méfiance et soupçon face à une certaine évolution du monde. Puis elle a engagé un effort de discernement difficile mais nécessaire et irréversible. Aujourd'hui plusieurs tâches apparaissent prioritaires :

— Tout d'abord constater une urgence : les grands choix auxquels les hommes seront de plus en plus confrontés entraînent une mobilisation de toutes les forces spirituelles en présence et au sein desquelles le christianisme a une responsabilité unique : « *Il répond exactement aux doutes et aux aspirations d'un âge brusquement éveillé à la conscience de son Avenir. Lui seul, autant que nous pouvons en juger, se révèle capable de justifier et d'entretenir au monde le goût fondamental de la vie* » (X, 112).

— Avoir confiance en l'Homme et prendre conscience pour les chrétiens que la recherche de l'Absolu se poursuit à travers l'accomplissement et le développement de l'Humanité.

— S'engager sans équivoque et sans confondre l'humilité et l'inconsistance : « *On nous a trop parlé d'agneaux, j'aimerais voir un peu sortir des lions. Trop de douceur et pas assez de force. Ainsi résumerai-je symboliquement... la question du réajustement au Monde moderne de la doctrine évangélique* » (X, 109).

— Rappeler le sens profond de l'Incarnation. C'est la foi en un Dieu « *immergé* » qui définit notre effort pour la réalisation du monde : « *Si le monde est créé pour le Christ, tout progrès de ce monde rend la créature plus apte à recevoir la Parole d'un Dieu qui lui révèle sa destinée universelle.* »

— Réaliser une conversion qui permette la naissance d'une nouvelle race de chrétiens, pour que le christianisme puisse justifier sa prétention face à la conscience contemporaine :

« *Que Dieu nous les donne et les multiplie enfin ces chrétiens qui, de par leur religion, porteront plus que tout autre humain le poids des aspirations et des labeurs de leur temps... Sans exagération, un cycle nouveau ne s'ouvre-t-il pas pour l'Église, cycle merveilleusement adapté à l'âge présent de l'Humanité ? Le cycle du Christ, adoré à travers l'Univers. Que ceux qui croient entendre venir le maître veillent, qu'ils désirent et qu'ils travaillent...* » (IX, 44).

Ce défi peut sembler ambitieux mais il n'est autre que celui relevé par le Concile Vatican II en pleine modernité. Même si, depuis un quart de siècle, les perspectives se sont modifiées, passant d'une conception trop radicalement optimiste du progrès à une approche plus réaliste ou plus modeste, face aux nouvelles menaces qui caractérisent notre temps, l'appel de Teilhard garde toute sa pertinence.

« *Christianisme d'avenir* » ne signifie pas pour Teilhard autre chose que « Fidélité absolue » au Dieu des origines qui seul est à la mesure des attentes de l'humanité. Suspecté de s'aventurer dans « un christianisme n'ayant plus rien à voir avec la Tradition » Teilhard s'explique : « *Le Christ Universel où se satisfait ma foi personnelle n'est pas autre chose que l'expression authentique du Christ de l'Évangile... On m'a reproché d'être un novateur. En vérité, plus j'ai médité les magnifiques attributs cosmiques prodigués par saint Paul au Jésus Ressuscité... plus je me suis aperçu que le Christianisme ne prenait sa pleine valeur que porté (comme j'aime à le faire) à des dimensions universelles* » (X, 149).

Teilhard est, par nature et à tous moments, l'homme des « temps nouveaux », l'homme de demain, le témoin de l'avenir, sans jamais cesser de découvrir et de manifester l'unité profonde qui caractérise la Révélation. Est-ce là que se révèle sa stature de visionnaire et de prophète ? Il aborde déjà cette question en 1919 dans sa *Note pour servir à l'Évangélisation des temps nouveaux*, texte essentiel, trop peu cité. Dieu et l'Histoire ne peuvent être ni dissociés ni en conflit. « *Le Dieu que notre siècle attend doit être : 1° aussi vaste et mystérieux que le Cosmos. 2° aussi immédiat et enveloppant que la vie. 3° aussi lié à notre effort que notre Humanité...* » (XII, 401).

La foi chrétienne est de moins en moins évidente dans un monde qui pourtant n'a jamais autant produit d'essais et de recherches. La menace la plus grave, pour Teilhard, est bien la rupture au sein même de la Réalité, la séparation de l'idéal évangélique et de la longue quête des hommes.

Or, devant cette quête, le christianisme, « *loin de perdre sa primauté au sein de la vaste mêlée religieuse déchaînée par la Totalisation du monde moderne, reprend et consolide au contraire sa place axiale... pourvu que soit prêtée attention suffisante à son extraordinaire et significatif pouvoir de "pan-amorisation"»* (capacité de transformer par l'Amour toutes les stuctures du monde).

Dans son dernier texte, *Le Christique*, que l'on peut vraiment considérer comme son testament, Teilhard sentant sa fin prochaine — le texte fut achevé un mois avant sa mort — confirmera sa confiance dans la perspective d'un christianisme parfaitement adapté à la quête de l'Humanité : *« Le Christianisme encore et toujours, je le répète, mais un Christianisme "rené"... seul capable (de par la double vertu totalement enfin comprise alors, de sa Croix et de sa Résurrection) de devenir la Religion spécifiquement motrice de l'Évolution »* (XIII,114).

Malgré les doutes légitimes — signes de sa profonde sincérité intellectuelle et spirituelle — qui marqueront les derniers jours de Teilhard (lire à ce sujet la conclusion du *Christique*), la certitude l'emportera. Simplement parce que, selon ses tous derniers mots que nous pourrions inscrire au front de notre foi comme ultime héritage :

*« Il suffit pour la Vérité d'apparaître une seule fois dans un seul esprit, pour que rien ne puisse jamais plus l'empêcher de tout envahir et de tout enflammer... »* (XIII,117).

**Texte à méditer** : Lc 24, 13-50.

Envoie-nous, Saint-Esprit, sur les routes du Monde pour être témoins de paix et d'espérance.

# CONCLUSION

Lors du service funèbre du Père Teilhard de Chardin, en France le 27 Avril 1955, le Père d'Ouince, qui avait été son provincial et son ami, prononça les mots suivants : « Il témoignait de la victoire de Jésus-Christ. Il donnait irrésistiblement l'impression d'être sauvé... »

Comment terminer un parcours sur la prière avec Teilhard sinon en évoquant ces paroles valant à elles seules une longue démonstration. Le Christ ressuscité fut d'un bout à l'autre de la vie de Teilhard la source et l'horizon de sa foi, de sa détermination et de son courage.

Cet homme aux innombrables talents et à l'intelligence supérieure fut, au fond, un modèle d'humilité par son ouverture totale au mystère de Dieu et son adhésion au Christ. Il ne cessa d'être un disciple par sa prière constante et jusque dans les risques de sa recherche et de ses intuitions.

Passionné de l'homme, mais d'un homme façonné par le souffle libérateur de Dieu et orienté vers lui comme un trait de lumière.

Passionné du monde, des abîmes et des sommets du monde qui deviennent malgré la mort et la souffrance les lieux de l'Espérance la plus vaste qui soit.

Passionné de l'intérieur des êtres et des choses, cet homme-là semblait avoir compris, malgré les silences qu'on lui imposa, qu'il est en l'esprit humain une telle puissance d'unité et d'Amour que rien ne peut empêcher la destinée universelle d'aboutir en Dieu dans l'embrasement d'une paix définitive.

Réfléchir avec Teilhard c'est s'ouvrir aux perspectives les plus larges et aux mutations les plus fortes de notre temps, sans avoir peur de quiconque ou de quoi que ce soit.

Prier avec Teilhard c'est nous approcher en permanence de la source vive. C'est recevoir une Parole qui fait vivre, qui fait renaître, qui tient debout et oriente vers l'avenir, par la force de l'Esprit. Une Parole qui rassemble et guide chacun vers son accomplissement.

Teilhard a peu parlé systématiquement de la prière mais il en a vécu et l'on découvre progressivement que rien n'aurait été pensé et écrit s'il n'y avait d'abord eu cette extraordinaire expérience d'un Dieu qui transfigurait tout.

La vie des hommes est telle un arbre tendu entre l'attente et l'accomplissement.

Les appels sont lancés, et le cri répercuté par mille civilisations ne cesse d'être planté dans notre chair et dans nos cœurs.

HEUREUX ceux qui savent voir... Ceux qui savent entendre, à travers les filets de nos contradictions,

HEUREUX les déceleurs de la lumière et de l'espoir fondamental.

Car ils nous aideront à monter, et par-delà le sommet, à comprendre que l'aube universelle est ensemencée par la liberté de la Croix...

# BIBLIOGRAPHIE

A — Aux Éditions du Seuil, l'ŒUVRE de réflexion générale (philosophique et religieuse) en 13 tomes.

Nous recommandons surtout, dans notre perspective :

IV : *Le Milieu divin* : ouvrage clé de la spiritualité teilhardienne.

IX : *Science et Christ* : articles et essais sur le rapport Christianisme/Société/Recherche.

X : *Comment je crois* : articles et essais sur les questions de foi et de théologie.

XII : *Écrits du Temps de Guerre* : les premiers grands essais mystiques.

XIII : *Le Cœur de la Matière* : ensemble de textes essentiels dont *La Messe sur le Monde*, *Le Christique*, et la liste des œuvres de Teilhard.

*Être plus* : recueil de pensées remarquablement choisies (livre de chevet possible...).

*Hymne de l'Univers* : rassemble trois grands essais : *La Messe sur le Monde*, *Le Christ dans la Matière* et *La Puissance spirituelle de la Matière*, plus des pensées.

B — ŒUVRES SUR TEILHARD. Elles sont nombreuses. Nous sélectionnons six titres.

— Henri de Lubac, *La Pensée religieuse du P. Teilhard de Chardin*, Aubier, 1962 : ancien mais remarquable.

— Émile Rideau, *La Pensée du Père Teilhard de Chardin*, Seuil, 1965 : la première grande synthèse réalisée à partir de l'ensemble des documents. Ouvrage encore de base.

– Bruno de Solages, *Teilhard de Chardin, témoignage et étude sur le développement de sa pensée*, Privat, 1967 : l'ouvrage le plus complet et le plus systématique. Malheureusement épuisé.
– René d'Ouince, *Un prophète en procès, Teilhard de Chardin*, Aubier, 1970 : Teilhard présenté par celui qui fut son supérieur et son ami.
– Ina Bergeron, A.-Marie Ernst, *Le Christ universel et l'Évolution*, Cerf, 1986 : une présentation judicieuse en vue d'une catéchèse.
– Jules Carles, André Dupleix, *Pierre Teilhard de Chardin*, Centurion, 1991 : ouvrage récent présentant une vision d'ensemble et un recueil de textes. Fait également le point sur les principaux dossiers (cet ouvrage a servi de base au présent livre).
– Jean Onimus, *Teilhard de Chardin et le mystère de la Terre*, Albin Michel, 1991.
– Bernard Sesé, *Pierre Teilhard de Chardin*, DDB, 1997.
– Jacques Arnould o.p., *Quelques pas dans l'Univers de Pierre Teilhard de Chardin*, Aubin, 2002.
– Édith de la Méronnière, *Pierre Teilhard de Chardin*, Pygmalion, 1999. Nouvelle édition, Albin Michel, 2003.
– Gérard Henry Baudry, *Le Credo de Teilhard*, Aubin, 2003.
– Jean-Pierre Demoulin, *Pierre Teilhard de Chardin, Je m'explique*, Textes choisis, Seuil, 2005.
– Gustave Martelet, *Teilhard de Chardin, prophète d'un Christ toujours plus grand*, Lessius, 2005.
– Gustave Martelet, *Et si Teilhard disait vrai...*, Parole et Silence, 2006.

# TABLE DES MATIÈRES

AGIR



PRÉSENCE



ESPÉRANCE

CET OUVRAGE
A ÉTÉ REPRODUIT
ET ACHEVÉ D'IMPRIMER
PAR L'IMPRIMERIE FLOCH
À MAYENNE EN OCTOBRE 2007
POUR LE COMPTE DES
ÉDITIONS NOUVELLE CITÉ
DOMAINE D'ARNY
91680 BRUYÈRES-LE-CHÂTEL

**CINQUIÈME ÉDITION**

ISBN 978-2-85313-391-3
N° d'impr. 69451.
D. L. : octobre 2007.
*(Imprimé en France)*